적절한 좌절

적절한 좌절

애착 과잉 시대를 지나는 부모와 자녀를 위한 삶의 지혜

김경일 · 류한욱 지음

Optimal Frustration

Life Lessons for Modern Families in the Age of the Symbiotic Relationship

저녁달
×
Sapiens island corp.

아이를 키우는 일의 최종적인 목표는, 독립된 개인으로서 사회에서 살아나가도록 하는 것이다. 사랑과 보호는 부모가 아이에게 줄 수 있는 가장 큰 선물이지만, 너무 과해도, 너무 부족해도 아이의 독립에는 도움이 되지 않음을 느낀다. 하지만 과한 보호 역시 현재의 복잡한 사회가 부모에게 부여하는 과도한 책임감, 불안한 환경에서 기인하는 것을 모르지 않기에, 어떻게 균형 잡힌 사랑을 주도록 이끌 것인가 하는 것은 소아정신과 의사의 큰 고민 가운데 하나이다. 이 책은 그런 고민에 대한 답이면서, 부모에게는 아이를 믿고 한 발 물러설 수 있는 용기를 선물해줄 수 있는 반갑고 귀한 책이다.

- 유희정, 분당서울대병원 정신건강의학과 주임교수

소아정신과 의사 류한욱 원장과 인지심리학자 김경일 교수, 두 전문가가 오랜 시간 각자의 자리에서 관찰해온 문제, 심리적으로 독립하지 못한 채 어른이 되는 사람들, 그리고 그들이 만들어내는 사회적 문제를 예리한 통찰로 깊이 있게 풀어낸다. 이 책은 자녀를 키우는 사람, 어른이 되었지만 여전히 마음이 흔들리는 사람, 그리고 관계 속에서 자꾸만 자기 자신을 잃어버리는 사람 모두에게 필요한 이야기이다.

- 윤세창, 삼성서울병원 정신건강의학과 교수

이전 시대의 한국은 자녀에 대한 애정 표현이나 공감보다는 주로 타율적이었던 자기조절과 표현 억제 및 반복적인 외부로부터의 좌절들이 지배하던 시기가 있었다. 그러다가 극단적인 억압과 조절 요구에 대한 반발 때문인지 언제부터인가 정서적 지지와 무조건적인 수용이 자녀 양육의 덕목으로 여겨지는 시대가 되었다. 그렇지만 저자들은 지금 한국 사회가 애정과 사랑이라고 표현되고 부족함 없는 외적 환경을 제공하고자 하나 실제로는 자녀에 대한 과도한 통제와 개입을 하고 있으며, 이로 인해 자녀가 스스로 욕망을 탐색하고 자기 삶을 설계할 기회를 잃고 있다고 말한다.

우리는 아이를 사랑하고 위험에서 보호하고 잘해주는 법에 대해서는 늘 고민하지만, 한 인간으로 어떻게 잘 독립을 도와줄지에 대해 막연하게 생각은 하지만 구체적인 방법론은 아직 서툴다. 이 책은 그 부족한 감각을 채워주는 책이다. 책에서도 비유했듯이 아무리 좋은 영양소라도 영양과잉이 영양결핍보다 더 좋다고 말할 수는 없을 것이다. 이로 인해 나타나고 있는 개인적·사회적 후유증을 수면 위로 올리면서 자녀를 위한 무조건적인 애정과 사랑 듬뿍이 전부처럼 여겨지는 시대에 '적절한 좌절'을 외치는 저자들의 제안에 박수를 보낸다. '적절한 좌절'이라는 주제를 공론화하고, 양육자가 분리-독립이라는 개념을 양육에 적용하도록 설득력 있게 풀어내면서 아이를 독립적인 인간으로 키우는 일이야말로 더 깊고 성숙한 사랑의 방식이라는 걸 보여주는 책이다. 또한 자녀를 건강하게 독립적으로 양육하는 방법이 궁금한 부모님이나 지금까지 분리-독립이 불완전했지만 앞으로 건강한 분리-독립을 하고 싶은 성인에게 반드시 읽어야 할 시기적절한 책이다. 저자를 20여 년 전부터 알고 있는 입장에서 훌륭한 필력과 함께 말하고 싶은 많은 내용이 있었을 터인데 그동안 어째서 책을 내지 않았을까 궁금하던 중 저자 글을 보고 이해가 되었다. 그러기에 20여 년간의 망설임과 주저함이 결과로 맺어진 이 책이 참으로 믿음직스럽게 다가온다.

- 정유숙, 성균관의대 삼성서울병원 정신건강의학과 주임교수

차례

PART I 애착 과잉 시대와 적절한 좌절

Optimal Frustration

PART II 독립하지 못한 어른들

이제는 누군가가 해야만 할 이야기

저는 20여 년간 소아정신과 의사로 살아왔습니다. 그동안 책을 출간해보자는 제의도 많이 받았습니다. 하지만 진료실이 아닌 책을 통해 무언가를 전달한다는 것이 너무 무겁게 느껴져 망설이다 보니 20년이 지나버렸네요. 사실 제 마음속에는 꼭 많은 사람들에게 전달하고 싶은 내용이 있었습니다. 그러나 글로 정리하려고 하면 내용이 이론적인 설명으로 흘러

가면서, 몇 번이나 시도하다가 멈추곤 했습니다. "그래, 진료실에서 전달하는 것으로 내 할 일은 다하는 것 아닌가?" 하는 자기 변명도 여러 번 했습니다.

그렇게 시간이 흐르던 중, 저녁달 이남경 선생님, 심리학자 김경일 교수님과 함께한 시간이 있었습니다. 대화를 나누다 보니 제 마음속에 늘 남아 있던 그 무언가가 글로 조금씩 풀리기 시작했습니다. 제가 꼭 전달하고 싶었던 그것. '진료실에서는 늘 전달하는 그 내용이 글로는 왜 이렇게 어렵게 느껴질까?'에 대한 답이 형체를 드러내기 시작하면서, 저는 본격적으로 글을 쓰기 시작했습니다.

'적절한 좌절.'

우리 모두 삶을 살아가다 보면 어느 순간 필연적으로 좌절을 경험하게 됩니다. 간발의 차이로 놓친 마지막 전철처럼 아쉬운 순간도 있고, 가슴 깊이 남은 오래된 상처도 있을 것입니다. 하지만 내 아이만큼은 좌절을 경험하지 않기를 바라는

것이 모든 부모의 마음이겠지요. 아이가 성장하면서 인생의
어느 과정에서 넘어지더라도 그곳이 부드러운 잔디밭이길 바
라게 됩니다.

그럼에도 불구하고 좌절은 피할 수 없습니다. 좌절을 원천
차단해버리면 오히려 애착 과잉과 정서적 비만을 초래하게
됩니다. 아이가 건강하기를 바라는 마음에 무제한의 영양을
제공하면 비만을 겪게 되는 것과 비슷한 이치라고 할 수 있습
니다.

진료실에서 이 내용을 설명하다 보면, 첫 번째 상담에서
"지금껏 내 아이를 위해 했던 일 중 이번 상담이 가장 뜻깊었
습니다."라고 말씀하시는 부모님도 있고, 상담이 시작된 지 3
년이 지나서야 "첫 상담에서 하셨던 말씀이 어떤 의미였는지
이제야 알 것 같아요."라고 하시는 부모님도 계십니다.

반면 상담 도중 화를 내며 자리에서 일어나 상담실을 나가
버리는 부모님도 있습니다. 이런 부모님들은 자신의 양육 방

법에 오류가 있는지 없는지를 밝히고자 하는 관점에서 상담을 접근합니다. 양육을 '완벽한 양육'과 '잘못된 양육', 두 가지로 나누어놓고, 자신의 양육이 어느 쪽인지 답을 원하시는 것이지요. 이때 제가 '적절한 좌절optimal frustration'과 '분리-독립 과정'에 대해 설명드리면 지금껏 애써온 자신에 대한 비난으로 받아들이고 분노를 표현하곤 했습니다.

양육에 완벽함이란 존재하지 않습니다. 어제까지 적절했던 방법이 오늘은 그렇지 않은 경우가 허다합니다. 아이는 계속 성장하기 때문입니다. 적절한 좌절을 다른 말로 표현하자면 '거리의 조절'입니다. 아이는 하루하루 성장하고, 부모는 그 과정에서 아이와 적절한 거리를 유지해나가야 합니다. 그러다 보면 어느 순간 새로운 단계로 접어들게 되고, 그때 '불분명한' 과정을 거치게 됩니다. 이때 아이가 경험하는 것이 바로 적절한 좌절입니다. 이 시기에 부모 또한 아이와의 관계에서 필연적으로 약간의 불안감을 경험하게 됩니다.

그런데 이 불안감을 원천 차단하고 예전의 완벽한 상태를 계속 유지하려 하면, 적절한 거리 유지가 어려워집니다. 이 시기가 지나치게 길어지면 애착 과잉과 정서적 비만을 불러오고, 이는 다양한 문제를 일으키게 됩니다.

저는 이 책의 1부에서 잠자리 분리, 식사 예절, 수면 시간 조절 등 일상생활에서 흔히 겪는 문제들을 통해 적절한 좌절에 대해 설명하려고 합니다. 이 과정을 적절히 거치고 나면, 영유아기와 아동기를 거쳐 청소년기에 중요한 자기 통제 능력(특히 스마트폰 사용 문제, 교우 관계 등)을 해결하는 중요한 토대가 만들어집니다.

아이를 정서적으로 비만인 상태로 양육하게 되면 부모도 힘듭니다. 부모의 에너지가 과도하게 소모될 수밖에 없거든요. 그러다 역치를 넘어서면 힘들었던 감정이 폭발하게 됩니다.

"내가 너를 이렇게까지 힘들게 키웠는데, 도대체 왜 이런 행동을 하는 거야?"

그러고는 "내가 대체 뭘 잘못했길래?"라며 자책하기도 합니다. 하지만 이는 부모의 잘못도, 아이의 잘못도 아닙니다. 부모와 자녀 간의 거리가 적절히 유지되지 못하고, 너무 가까워서 생기는 문제일 뿐입니다.

이 책을 통해 부모와 자녀 관계의 과거와 현재를 차분히 돌아볼 기회를 가지실 수 있기를 바랍니다. 그런 의미에서, 이 책이 작은 도움이 되길 진심으로 바랍니다.

2025년 봄

소아청소년 정신과 전문의 류한욱

세상이 내 뜻대로 안 되는 이유,
그리고 그것이 오히려 다행인 이유

류한욱 원장님과는 적절한 좌절에 대한 이야기를 오래전부터 해왔습니다. 몇 년 동안이나 이 주제로 대화하다 보니 제가 연구하는 내용과 맞물리는 부분이 많더군요. 류한욱 원장님은 '아이들이 어떻게 잘 성장할 것인지'에 초점을 맞추어 일하고 있었고, 저는 '어른이 된 사람은 과거에 어떤 발달 과정을 거쳤던 것인가'를 연구했는데, 서로의 관점을 맞춰보면 흐름이 딱 이어지는 겁니다.

　최근 인간관계에서 가장 피해야 할 유형으로 나르시시스트를 꼽고, 그 유형에 대한 이야기가 많이 나옵니다. 정신분석학에서는 나르시시즘을 '1차 나르시시즘primary narcissism'과 '2차 나르시시즘secondary narcissism'으로 구분하여 설명합니다. 1차 나르시시즘은 '분리-독립' 이전 단계에서 아이가 온 세상을 자기 중심으로 생각하는 시기를 말합니다. 1부에서 류한욱 원장님이 자세히 설명하겠지만, 이 '분리-독립' 개념은 정신분석가 마거릿 말러의 분리-독립 이론에서 나온 것으로, 유아가 어머니로부터 심리적으로 분리되고 자율적인 존재로 발달해가는 과정을 설명하는 정신분석 이론입니다. 2차 나르시시즘은 건강한 자아가 형성된 이후, 즉 독립적인 개인으로 성장한 후에 나타나는 긍정적인 자기애를 말합니다. 2차 나르시시즘을 쉽게 설명하기 위해 저는 '건강한 자기애'라고 부릅니다.

　류한욱 원장님과 여러 사례들을 논하다 보니, 분리-독립 과정을 제대로 거치지 못한 채 어른이 된 사람들이 꽤 많다는 사실에 서로 공감하게 되었습니다. 물론 어렸을 때 부모와의 관계에서 분리-독립을 잘 경험하지 못했더라도 살아가면서 시행착오를 겪고, 사회생활을 통해 점차 성숙해지는 것이 자연스럽습니다. 하지만 그렇게 극복하지 못하는 사람들도 많습니다. 심리적 성장은 멈춘 채 신체적·인지적 발달만 진행되어버린 것이죠. 그러면 성인이 되어서도 여전히 1차 나르시시즘 상태에 머물러 있게 되는데요. 이것이 바로 요즘 사람들이 말하는 나르시시스트와 맞닿아 있습니다.

"세상이 다 내 뜻대로 되어야 해."

이들은 세상이 자기 중심으로 돌아가야 한다고 생각하기 때문에 자신의 이익을 챙기느라 다른 사람이 피해를 보더라도 죄책감을 느끼지 않습니다. 잘못한 것이 없다고 생각하니 미안해하지도 않습니다. 이런 캐릭터는 우리 주변에 흔하니 TV 드라마에도 자주 등장하는데요. 드라마 〈내 남편과 결혼해 줘〉에서 여주인공의 친구가 전형적인 나르시시스트인데, 그녀는 '나한테 이득이 되는 일이면 상대가 다치든 말든 상관

없어!'라고 생각합니다. 신체적·인지적 성장은 계속되어 겉모습은 어른인데, 심리적으로는 어린아이와 크게 다르지 않은 거죠.

프로이트가 정신분석 이론을 주창하면서 무의식이나 오이디푸스 콤플렉스 같은 개념을 만들어냈을 때, 사람들이 그에게 가장 많이 했던 질문은 바로 이것이었다고 합니다.

"그러면 대체 정상적인 상태란 무엇인가요?"

흥미롭게도 프로이트는 여기에 대한 명확한 정의를 내리지 않았습니다. 다만 가장 유명한 대답을 했죠.

"심리적으로 건강한 사람의 특징은 사랑할 수 있고, 일할 수 있는 것lieben und arbeiten이다."

여기서 '사랑'은 단순히 연애 감정이 아니라, 가족과의 관계를 형성하고 유지하는 능력을 의미하고, '일'은 개인으로서 사회에서 역할을 수행할 수 있는 능력을 의미합니다. 즉, '자신만의 영역을 가지면서도 타인과의 관계를 균형 있게 유지할 수 있다면 그게 정상'이라는 뜻이죠.

또 다른 흥미로운 해석도 있습니다.

"적당히 히스테리컬하고, 적당히 나르시시즘적인 것이 정상이다."

여기서 '나르시시즘적이다'라는 말은 앞서 설명한 '건강한 자기애'를 뜻합니다. 즉, '나 자신을 사랑하면서도, 타인과의 관계 속에서 균형을 맞출 수 있는 상태'가 이상적이라는 거죠. 그런데 이 건강한 자기애를 가지려면, 반드시 필요한 것이 있습니다. 바로 적절한 좌절입니다.

애착 이론의 권위자인 존 볼비는 안정적인 애착 관계가 형성된 아이는 적절한 좌절을 통해 자율성과 독립성을 키울 수 있다고 보았습니다. 또한, 심리학자 에릭 에릭슨Erik Erikson은 인간 발달 단계를 제시하며 각 단계마다 겪는 심리사회적 위기를 통해 개인이 성장한다고 설명했습니다. 이러한 이론들을 종합해볼 때, 적절한 좌절은 단순히 부정적인 경험이 아니라 사람이 건강한 자아를 형성하고 사회 구성원으로 성장하는 데 필수적인 요소임을 알 수 있습니다. 따라서 부모는 아이가 좌절을 경험할 때 과잉보호하거나 회피하게 하는 대신, 아이가 스스로 문제를 해결하고 감정을 조절할 수 있도록 지지하고 격려해야 합니다. 이러한 과정을 통해 아이는 세상이 자신의 뜻대로만 되지 않는다는 것을 배우고, 타인과의 관계 속에서 균형을 맞추며 살아가는 법을 익히게 됩니다.

여기서 중요한 건, 좌절이 지나치면 아이의 자존감이 무너질 수 있다는 점입니다. 적절한 좌절이라는 말에는 '수용 가능한 범위 안에서의 실패 경험'이라는 조건이 전제되어야 합니다. 단지 힘들게만 하는 것이 아니라, 스스로 이겨낼 수 있는 크기의 경험을 반복적으로 겪으며, 좌절을 견디는 힘을 키우는 것이 필요합니다. 그런 경험이 쌓이면 아이는 감정 조절과 문제 해결 능력뿐 아니라, 자기 자신을 믿는 힘도 함께 기를 수 있습니다.

제가 가장 강조하고 싶은 점은, 적절한 좌절을 경험하지 못한 채 어른이 된 사람이라도 결코 늦지 않았다는 사실입니다. 이미 어른이 되었어도 우리는 여전히 삶의 다양한 국면에서 좌절을 경험하고, 그 과정을 통해 조금씩 성숙해질 수 있습니다. 때로는 인간관계, 직장에서의 실수, 혹은 삶의 예기치 못한 굴곡들이 바로 그런 성장의 기회가 되어줍니다. 중요한 건, 그 순간을 피하거나 부정하지 않고 마주보는 용기입니다.

이 책에서는, 아이가 현명한 어른으로 성장하기 위한 팁은 류한욱 원장님이 제공하고, 저는 적절한 좌절 단계를 거치지 못한 채 어른이 된 사람들의 사례를 소개하고, 그를 통해 얻을 수 있는 교훈을 함께 생각해보고자 합니다.

이 책을 통해 우리는 어린 시절의 경험이 현재의 삶에 미치는 영향을 이해하고, 건강한 자아를 형성하기 위해 필요한 적절한 좌절의 의미를 되짚어볼 수 있습니다. 아이를 키우는 부모뿐 아니라 스스로의 성장 과정을 돌아보고 싶은 모든 어른에게도 깊은 통찰을 제공할 것입니다. 과거의 경험을 통해 현재를 이해하고, 더 나아가 미래를 위한 지혜를 얻을 수 있도록 돕는 것이 이 책의 목표입니다. 이 여정을 통해 자신을 더욱 깊이 이해하고, 타인과의 관계를 더욱 건강하게 만들어갈 수 있게 되기를 바랍니다.

2025년 봄

인지심리학자 **김경일**

PART I

애착 과잉 시대와 적절한 좌절

정서적
비만
시대

오래전 전국적으로 유명했던 행사가 있었습니다. 아마 요즘 젊은 부모님들에겐 생소할 텐데요. 바로 1971년부터 1983년까지 열렸던 우량아 선발대회입니다. 우량아 선발대회는 1920~1930년대부터 열렸는데, 대중적으로 인기를 얻었던 시기는 1970~1980년대였습니다. 1970년대 초중반까지도 아이들이 충분한 영양을 공급받기 어려운 경우가 많았고, 포동포동하게 살이 오른 아기들은 사람들의 사랑을 받았죠. 1953년 경주에서 최우량아로 뽑힌 생후 9개월짜리 남자아이는 체중이 9.75kg이었습는데, 모두 못 먹고 살던 시절이었기에 통통하게 살이 오른 우량아를 보면서 내 아이도 저렇게 건강하게 키우고 싶다는 마음과 함께 대리만족을 얻었을 겁니다.

그러다가 1970년대에 들어서면서 "이제는 한 번 제대로 먹여보자!"라는 사회적 분위기가 형성되었고, 신체적으로 토실토실하고 건강한 아이들이 대회에 나가 상을 받고, 엄마들은 우승을 하면 자랑스러워했습니다. 그래서 그 당시는 동네 사진관 앞 진열장에 튼실한 남아의 돌 기념 누드 사진이 걸려 있는 것을 심심치 않게 볼 수 있었습니다. 영양 공급을 잘 받고, 좋은 음식을 많이 먹고 잘 자라는 아이로 키우는 게 우선 목표였던 시대였으니까요.

지금은 오히려 영양 과잉으로 걱정하는 시대이고, 신체적 비만을 염려하는 시대가 되었죠. 그리고 그와 더불어 제가 발견한 현상은 '정서적 비만'입니다.

아이의 성장 과정에서 부모는, 어느 시점에 이르면 "이제 이건 네가 해야 할 일이야."라고 경계를 설정해주고, 스스로 해결할 수 있도록 도와주는 것이 중요합니다. 하지만 요즘은 그런 '적절한 경계 설정' 없이, 무제한으로 정서적 영양을 공급하는 경우가 너무 많아졌습니다.

"엄마, 나 힘들어!"
"그래? 그럼 엄마가 다 해줄게!"

"아빠, 이거 어떻게 해?"
"아, 그거 아빠가 해결해줄게!"

"선생님한테 어떻게 말씀드리지?"
"엄마가 직접 얘기할게!"

성장 과정에서 과도한 정서적 충족을 받거나 끊임없는 정서적 개입을 받으면, 아이 스스로 감정을 소화하고 다루는 능력이 충분히 길러지지 않습니다. 필요 이상의 칼로리를 축적

해 비만이 되듯, 정서적으로도 '소화하지 못한 애정'이 과잉 축적되면 '정서적 비만'이 되는 것이죠.

정서적 비만 상태에 있는 사람은 좌절에 대한 내성이 낮아 작은 실패나 비판에도 쉽게 무너집니다. 누군가의 위로나 지지가 없으면 감정적으로 크게 흔들리고, 외부로부터의 인정과 사랑, 반응을 지속적으로 필요로 하죠. 타인의 관심이 줄어들면 불안해하고 존재감을 확인받지 못해 힘들어하기도 합니다. 자율성과 책임감도 부족하고, 스스로 결정하거나 행동하는 데 어려움을 느껴 타인의 개입이나 지시에 지나치게 의존하게 될 수도 있습니다. 특히 부모나 친구의 정서적 보호가 없을 때는 삶 전체가 불안하게 느껴지기도 합니다.

정서적 비만인 자녀는 애착 과잉의 부모가 낳습니다. 애착 과잉은 부모나 보호자가 자녀에게 과도하게 개입하거나 보호하려는 태도를 말하는데, 자녀의 행동, 감정, 선택에 일일이 간섭하거나 대신 결정해주는 방식이 대표적이죠. 그런데 자식에 대한 사랑이 너무 커서 이처럼 애착 과잉을 보이는 부모님이 점점 많아지고 있고 그에 따라 정서적 비만 상태에 있는 아이들도 많아지고 있는 것입니다. 요즘 부모님들은 어느 정도 금지하고 받아주지 않는 경계를 설정해야 하는데, 무제한으로 영양분을 공급하려고 해요. 발달 단계에서 보면 이미 멈췄어야 하는 정서적 영양 공급이 너무 늦은 시기까지 이어지면서 아이는 정서적 비만 상태가 되고, 점점 개인으로 독립하지 못하는 것이죠. 문제는 애착 과잉은 '적절한 좌절optimal frustration'을 경험하지 못하도록 방해하는 요인이 된다는 것입니다.

나는 뭐든 할 수 있다는 자신감은 좋은 걸까

미국의 정신분석가 찰스 브레너Charles Brenner가 손자와 산책 길에 나눈 짧은 이야기가 있습니다. 산책 중 손자가 할아버지에게 "저기 피어 있는 꽃을 갖고 싶어요!"라고 말했습니다. 그러자 브레너는 꽃을 꺾어 손자에게 건넸죠. 그런데 손자는 갑자기 막 울면서 떼를 쓰기 시작했습니다.

"아니, 네가 원하던 꽃을 줬는데 왜 우는 거니?"

"이렇게 말고요. 꽃이 가지에 붙어 있어야 해요!"

그래서 이번에는 가지에 붙어 있는 꽃을 그대로 꺾어주었습니다. 하지만 손자는 여전히 울며 더 크게 떼를 쓰기 시작했습니다.

"아니, 아까 할아버지가 꺾은 그 꽃을, 다시 가지에 붙여서 달라고요!"

3~5세 연령대의 아이들은 내가 원하면 뭐든지 이루어질 수 있다고 믿습니다. 왜냐하면 이 시기의 세계는 아주 단순한 논리로 이루어져 있기 때문입니다.

"좋아." ⇨ 모든 게 이루어져야 해!

"싫어." ⇨ 당장 사라져야 해!

그런데 이런 사고방식이 청소년기에까지 이어진다면 어떻

게 될까요? 좀 곤란하고 황당한 상황이 벌어지겠죠.

축구 선수가 되고 싶지만
축구 연습은 하기 싫어

초등학생에게 "앞으로 뭘 하고 싶니?"라고 물으면 대개 현
실적인 고민 없이 대답합니다. 유튜버, 연예인, 과학자 등등
자신이 선망하는 대상을 장래희망으로 말하죠. 청소년기가
되면 장래희망에 대해 물었을 때 어느 정도 현실성이 있는 답
을 하게 마련인데요. 물론 이상적인 꿈을 갖는 게 헛된 일이
라는 말은 아닙니다. 예를 들어, 중학생에게 "넌 뭐가 되고 싶
니?"라고 물었을 때, 아이가 "세계 최고의 축구 선수가 되고
싶어요!"라고 대답할 수도 있어요. 여기까지는 괜찮습니다.
하지만 "그래서 지금 축구를 열심히 하고 있니?"라고 물으면,
대부분은 "아니요."라고 답한다는 데 문제가 있습니다. 이게
바로 '내가 원하면 이루어질 거야!'라는 생각과 현실의 괴리
가 존재하는 전형적인 사례입니다. '내가 원하는 것'과 '그걸

이루기 위해 해야 하는 것'이 연결되지 않은 상태, 즉 목표와 과정이 연결되지 않은 상태인 것이죠. 원하는 것을 말하는 것과 그걸 이루기 위해 노력하는 것이 별개라는 사실을 받아들여야 하는데 그렇지 않은 것입니다.

전 세계에서 유명한 유튜버가 되고 싶고 유명한 축구 선수가 되고 싶긴 한데 별다른 노력을 하고 있지 않은 건 의지가 부족해서만은 아닙니다. 오히려 지나치게 친절한 환경 탓일 수 있습니다. 아이가 불편해하기 전에 부모가 미리 다 치워주고, 원하는 건 재빠르게 해결해주는 구조. 이런 식으로 자란 아이는 욕망과 현실 사이에 '노력'이라는 다리를 놓아본 적이 없습니다. 말만 하면 현실이 반응해주던 시절이 계속된 거죠.

이 현상은 분리-독립 과정을 충분히 거치지 못한 결과이기도 합니다. 자기가 뭘 원하는지 아는 것도 중요하지만 그걸 이루기 위해 뭘 해야 하는지 아는 건 훨씬 더 중요한 일이거든요. 그런데 이건 누가 대신 해줄 수 없습니다. 자기가 해봐야 감이 옵니다. 애착만 강조된 육아는 아이를 계속 '붙잡아두는 일'에 머물기 쉽고, 독립하고 싶은 아이의 시도를 무의식적으로 막기도 합니다.

적절한 좌절이 필요한 이유

저는 20년 넘게 진료를 하면서 아이의 심리 발달 과정에서 거쳤어야 할 '적절한 좌절' 단계를 거치지 못해서 나타나는 문제 행동을 오랫동안 관찰했습니다. 그리고 정서적 비만의 시대, 애착 과잉 시대와 큰 연관성이 있다는 것을 발견했습니다. 그리고 이제는 현재의 양육 방식에 대해 다시 한번 생각해볼 필요가 있다고 느꼈습니다.

우리나라 부모님은 대부분 자식에게 참 헌신적인 성정을 갖고 있습니다. 아이가 넘어질까 봐 미리 손을 잡아주고, 마음의 상처를 받지 않도록 노심초사하며 대비를 하죠. 게다가 많은 자녀를 낳아 키우던 시절과 달리 최근에는 한두 명뿐인 자녀에게 모든 사랑과 관심과 자원을 집중하고 있습니다. 그러다 보니 부모님의 세심한 보호 속에서 아이들은 물리적으로는 안전하지만, 정서적으로는 단단해질 기회를 잃고 있습니다.

게다가 대한민국은 경쟁이 치열한 사회입니다. 부모님들은 아이가 실패할까 봐 미리 대비시키고, 시행착오를 겪기 전에 최적의 길을 제시하려 합니다. 시험 잘 봐야 하니 학원을 알아보고 학습계획을 만들어주고, 친구와 갈등이 생기면 직접 나서서 해결해주며, 심지어 아이가 결정해야 할 중요한 일도 대신 선택해줍니다.

이렇게 부모님이 모든 문제를 해결해주면 아이는 계속해서 심리적으로 의존하게 되고 자신의 감정을 조절하는 일마저 부모가 해결해주기를 기대하게 됩니다. 그러니 작은 실패에도 쉽게 무너지고, 감정을 조절하지 못해 분노를 표출하거나 무기력해지고 맙니다. 친구와 다투면 어떻게 풀어야 할지 몰라 관계가 틀어지고, 직장에서 피드백을 받으면 이를 성장의 기회로 삼기보다 비난으로 받아들여 퇴사를 고민합니다. 연인 관계에서도 사소한 갈등에 감정을 조절하지 못해 극단적인 반응을 보이게 됩니다.

'올바른 양육'이라는 것이 존재할 수 있는지 모르겠지만, 많은 부모님들이 같은 고민을 하는 것은 분명합니다.

"이렇게 키우는 게 맞을까?"
"내가 너무 도와주는 걸까? 너무 내버려두는 걸까?"

수많은 육아서와 전문가의 조언 속에서도 이같은 질문에 대한 명확한 답을 찾기는 어렵습니다. 완벽한 공식이 존재하지 않는 만큼 부모마다 가정마다 나름의 방식으로 시행착오를 겪으며 길을 찾아가는 것이 자연스러운 과정일지도 모릅니다.

그래서 이 책에서는 정신의학과 심리학 연구를 기반으로, 독립적이고 자기주도적인 아이를 '만들어내는' 방법을 알려드리기보다는 양육의 방향성을 최대한 이해하기 쉽게 소개하려 합니다. 부모의 역할이란 아이가 스스로 고민하고 결정할 기회를 주면서도 따뜻한 지지자가 되어주는 것이라는 점을 함께 생각해보고자 합니다.

이 책이 부모님들께 조금이나마 위로와 실질적인 도움을 드릴 수 있기를 바라며, 때로는 가볍게 웃으며, 때로는 깊이 공감할 수 있는 이야기들을 풀어가보겠습니다. 부모가 완벽해야 할 필요는 없습니다. 양육이란 아이의 성장 과정을 함께 걸어가는 '즐거운 여정'입니다. 그 길에 함께한다는 것만으로도 괜찮은 부모입니다.

적절한
좌절이란
무엇인가

앞으로 이 책에서 '적절한 좌절'이라는 말을 자주 사용하게
될 텐데요. 이 개념에 대해 먼저 설명드리고 이야기를 이어
나가는 게 좋을 것 같습니다. 이 말을 처음 접한 사람들은 '좌
절인데 적절하다니' 역설적인 표현이라며 고개를 갸웃하시곤
합니다. 하지만 이 개념을 제대로 이해하면 앞으로 부모도 자
녀도 관계가 편안해지는 삶을 살 수 있습니다.

적절한 좌절은 심리학자 마거릿 말러Margaret Schönberger Mahler의 분리-독립 이론Separation-Individuation Theory과 정신분석학자 하인츠 코후트Heinz Kohut의 적절한 좌절 개념을 바탕으로, 제가 양육의 기본적인 원리를 설명할 때 자주 쓰는 용어입니다. 마거릿 말러의 이론은 아동의 성장 발달을 단계로 잘 나누어 설명하고 있고, 코후트의 적절한 좌절 개념은 그 단계를 넘어가는 과정에서 필연적으로 수반되는 과제라고 볼 수 있습니다. (마거릿 말러의 Separation-Individuation Theory는 '분리-개별화'로 번역하는 게 정확하지만 쉬운 이해를 위해 이 책에서는 '분리-독립'으로 번역하여 쓰겠습니다.)

말러의 분리-독립 이론	코후트의 적절한 좌절 개념
1. 정상 자폐 단계	
2. 정상 공생 단계	
3. 분화 단계	← 적절한 좌절이 시작되는 시점
4. 연습 단계	
5. 재접근 단계(라프로치먼트)	← 좌절 강도가 중요한 시점
6. 독립(개별화) 완료	→ '건강한 자아' 형성

마거릿 말러는 헝가리 출신의 미국 정신분석가로, 처음에는 소아과 의사로 일하다가 이후 정신분석학에 관심을 갖게 되었으며, 뉴욕에서 활동하면서 아동 정신병리 및 애착 형성 과정에 대한 연구를 진행했습니다. 말러는 유아의 심리적 발달과 모자母子 관계에 대한 연구를 개척했는데, 그녀의 연구는 애착 이론, 발달심리학, 정신분석학에 큰 영향을 미쳤으며, 현재까지도 아동 발달과 부모 역할을 이해하는 중요한 이론적 틀이 되고 있습니다.

말러는 인간의 심리적 출생을 물리적 출생과 구별하고, 아이가 출생 후 부모(특히 엄마)와 심리적으로 분리되어 독립적인 존재가 되기까지의 과정을 연구했습니다. 생후 0~3세 사이에 이루어지는 모자 관계의 변화를 분석하면서, 아이가 어떻게 부모와의 융합된 상태에서 벗어나 점진적으로 개별화된 자아를 형성하는지를 설명했습니다. 이 이론이 분리-독립 이론이며, 이 과정에서 중요한 것이 바로 적절한 좌절입니다. 코후트의 적절한 좌절 개념은 분리-독립 과정에서 아이가 경험해야 하는 필수적인 심리적 도전과 성장 과정을 설명하는 핵심 요소 중 하나입니다.

말러는 신생아로 태어나서 분리된, 독립된 개인으로 존재하기까지 생후 초반에 5~6년까지 걸린다고 보고, 크게 3개 단계로 나눴습니다.

단계	단계명	연령
1단계	정상 자폐 단계(autistic phrase)	생후 0~2개월
2단계	정상 공생 단계(symbiosis phrase)	생후 2~5개월
3단계	분리-독립 단계(separation-individuation)	생후 5~36개월

※ 각 단계마다 해당하는 연령이 표기되어 있지만, 절대적인 기준은 아닙니다. 이 책에서 제시하는 연령은 말러의 원래 이론보다는 부모님이 실생활에서 느끼는 연령을 중심으로 설정하였습니다.

제가 진료실를 찾아오는 부모님들에게 진료 첫날에 늘 그리는 그림이 있습니다. 아이의 심리 발달 과정을 부모와의 관계를 중심으로 그린 것인데요.

먼저 아이가 태어납니다.

```
┌─────────┐
│         │
│  아이(나) │
│         │
└─────────┘
```

엄마(주양육자를 엄마로 칭하겠습니다)는 아기가 배고플 때, 기저귀를 갈아야 할 때, 재워줘야 할 때 등을 챙겨 돌봐줍니다. 이때 아기는 나와 외부와의 구분을 하지 못합니다. 배고프면 엄마가 먹을 걸 주는데, 엄마가 주든 모르는 사람이 주든 구분을 하지 못합니다.

조금 더 크면 대상이 생기고 엄마를 알아봅니다. 이제 엄마와 아이가 일대일 관계가 되는데, 이를 '애착'이라고 합니다.

아빠와도 마찬가지입니다. 아빠와도 일대일 관계, 애착이 생기죠. 이 단계에서 아기는, 모든 환경이 나를 중심으로 이루어져 있다고 인식합니다. 세상이 나만 쳐다보고 있다고 생각하는 단계이죠.

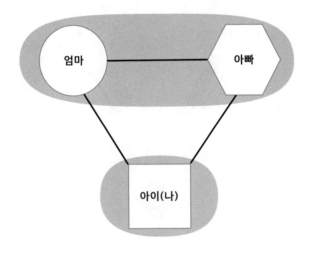

이제 더 시간이 지나면 아기는, 엄마가 있고, 아빠가 있고, 그다음에 내가 있다는 관계를 알게 됩니다. 세상이 나만 쳐다보고 있는 줄 알았는데, 엄마와 아빠가 짝이고, 나는 다른 관계에 있는 것이라는 사실을 깨닫는 것이 이전 단계와의 가장 큰 차이점이죠.

이후 잠복기(~초등 고학년 무렵), 청소년기(중고등학생), 성인기로 심리 발달을 하게 됩니다. 적절한 좌절은 애착 단계에서 이러한 단계로 넘어가는 과정에서 겪게 되는 것인데, 이 관계를 깨달아야 독립적인 자아를 갖출 요건이 만들어집니다.

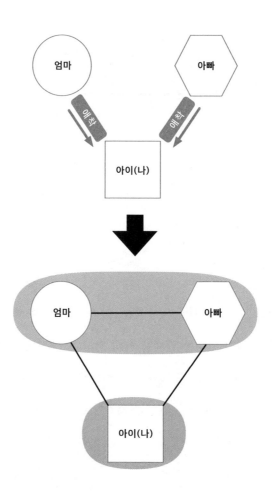

이제 먼저 말러의 분리-독립 이론을 좀 더 자세히 들여다보겠습니다.

정상 자폐 단계와 정상 공생 단계

1단계 정상 자폐 단계와 2단계 정상 공생 단계를 함께 살펴보려고 하는데요. 말러에 따르면, 신생아는 생후 첫 한두 달 동안 '자폐 단계'에 머무르는데, 이때 아기는 마치 자기만의 세계 속에 갇혀 있는 것처럼 보인다고 합니다. 외부 세계와의 관계보다는 기본적인 생존 욕구(배고픔, 수면, 온기 등) 충족에만 집중하죠. 이 시기의 아기는 부모와도 감정적 연결을 인식하지 못하고, 자신과 세상을 구별하지 못합니다.

말러는 자폐 단계를 설명하면서 정상 자폐Normal Autism라는 개념도 제안했습니다. 여기서 '정상normal'이란 단어가 중요한데, 우리가 흔히 알고 있는 자폐 스펙트럼 장애Autism Spectrum Disorder, ASD와는 다른 개념입니다. 신생아는 태어나자마자 세상과 교류하는 것 같지만, 사실 이 시기의 정신적 활동은 온전히 자기 내부에 머물러 있습니다. 그래서 말러는 이 단계를 '잠시 동안의 정상적인 자기 몰입 상태'라고 했죠.

2단계에 들어서도 아기는 자신과 양육자가 분리된 존재라는 인식은 하지 못하지만, 양육자와의 일체감을 통해 세상을 인식합니다. 말하자면 '나＝엄마'라는 느낌으로 하나의 세계 안에 존재합니다. 엄마가 모든 걸 해결해주는 전능적 존재로 여겨집니다.

1단계와 2단계의 내용을 그림으로 나타내면 이렇습니다.

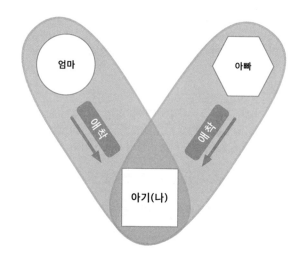

아기는 세상에 태어나서 양육자를 접하게 되는데 이때 접하는 나와 엄마의 세계가 있습니다. 이 세계에는 나와 엄마가 구분되지 않고 하나의 존재로 인식됩니다. 나와 엄마 외에는 아무도 존재하지 않아요. 마찬가지로 나와 아빠의 세계도 있죠. 이 세계에도 나와 아빠는 하나이고, 나와 아빠 외에는 아무도 없습니다. 나와 엄마, 나와 아빠, 이렇게 일대일의 관계만 존재합니다.

과거에 우리나라가 경제적으로 어렵고, 양육에 대한 개념이 충분히 정립되지 않았던 시기에는, 신생아가 태어나서 생후 6~10개월이 될 때까지 부모의 집중적인 관심을 받고 관계를 잘 형성하는 것이 쉽지 않았습니다. 대한민국의 영아 사망률이 전 세계에서 가장 높았던 시절도 있었습니다. 그래서 그때는 기본적인 생존과 보살핌이 양육의 핵심 과제로 여겨졌습니다. 그 때문에 당시에 결여되었던 '아이와 부모 간의 밀착된 관계'를 강조하는 육아 방법이 등장했고, 크게 인기를 끌었습니다. 그런데 이제는 경제적 여건이 개선되고, 출산율이 낮아지면서 아이 한 명에게 쏟을 수 있는 부모의 관심과 자원이 크게 증가했습니다.

이에 따라 양육에서 더욱 중요한 부분이 공생 이후의 단계, 즉 '분리-독립 과정'으로 옮겨가고 있습니다. 이제 양육은 단순히 아이를 돌보고 보호하는 차원을 넘어서, 아이 스스로 자신만의 정체성을 형성하고 자율적으로 기능할 수 있도록 돕는, 심리적 기반을 마련해주는 일이 더욱 중요한 시대가 된 것입니다. 부모는 아이가 독립적인 존재로 성장하는 데 필요한 감정 조절력, 스트레스 대처 능력, 그리고 자기 효능감self-efficacy 등 내적 자원을 키워주는 정서적 조율자로서 역할을 해야 합니다.

분리-독립 단계

3단계 분리-독립 단계는 적절한 좌절이 시작되는 중요한 시기입니다. 이 단계는 다시 4개의 소단계로 나뉩니다.

분리-독립 3단계의 세부 단계			
3-1단계	분화(分化) 단계	Differentiation	생후 5~10개월경에 나타나며, 아이가 부모(특히 엄마)와 자신이 다른 존재라는 사실을 인식하기 시작하는 단계입니다. 아이는 시각적 탐색을 통해 부모와 환경을 구별하기 시작합니다.
3-2단계	연습 단계	Practicing	생후 10~16개월경, 아이가 움직일 수 있는 능력이 발달하면서 부모로부터 물리적으로 벗어나 탐색하려는 시기입니다. 아이는 기어 다니거나 걷기 시작하며, 점점 더 자기 주도적인 활동을 시도합니다. 하지만 여전히 부모가 '안전 기지(safe base)' 역할을 해주어야 합니다.
3-3단계	재접근 단계	Rapprochement	생후 16~24개월경, 아이는 독립을 원하면서도 부모와의 정서적 연결을 다시 확인하고 싶어하는 단계입니다. "혼자 하고 싶지만, 여전히 엄마가 필요해!"라는 양가감정(ambivalence)이 강해지는 시기입니다. 이때 부모가 아이의 독립성을 존중하면서도 정서적으로 지지주는 것이 매우 중요합니다.
3-4단계	본격적 독립 과정	Separation-Individuation Proper	생후 24~36개월경, 아이가 부모와 심리적으로 분리된 독립적인 존재로 자리 잡아가는 단계입니다. 아이는 부모와의 안정적인 애착을 유지하면서도, 점점 더 자율적인 정체성을 확립해나갑니다. 부모의 지지를 바탕으로 아이는 자신의 욕구와 감정을 조절하며 타인과의 관계를 형성하는 법을 배웁니다.

분화 단계

분화 단계는 돌 무렵 시기가 됩니다. 이전까지는 엄마와 나 외에는 세상에 아무것도 존재하지 않는 단계였는데, 이제 점차 어렴풋이 자기 존재를 느낍니다. '엄마와 합쳐진 나'와 '독립된 나'는 다르다는 것을 자각하는 시기이죠. 자신과 엄마를 분리된 존재로 보기 시작합니다.

연습 단계

연습 단계에서 아이는 기어다닐 수 있게 되고 이동성이 생기면서 스스로 물리적인 거리를 만듭니다. 그 전 단계까지는 누워 있을 수밖에 없으니 엄마가 모든 걸 다 해결해주었죠. 그런데 이제는 기어다니고 걸음마도 조금씩 하게 되면서 자연스럽게 엄마가 아이의 모든 신호에 다 반응할 수는 없게 됩니다. 아무리 열심히 아이를 보더라도 기어다니고 걷는 아이의 일거수일투족을 24시간 내내 붙어서 지켜보고 반응하는 것은 불가능합니다. 그러니 엄마는 아이의 행동에 선별적으로 반응하게 되는데요. 그 반응을 통해서 아이는 엄마가 나와는 다른 존재임을 자각하게 됩니다. 1단계에서 시작된 '나'라는 개념이 조금 더 확실해지는 단계가 바로 연습 단계입니다.

재접근 단계, 라프로치먼트

그다음 단계는 재접근 단계, 라프로치먼트Rapprochement입니다. 라프로치먼트는 프랑스어에서 유래했으며, 한국어로는 '재접근' 정도로 번역할 수 있습니다. 이 단어가 의미하는 바를 온전히 담아낼, 딱 맞는 영어 단어를 찾지 못한 탓에, 미국에서도 프랑스어를 그대로 사용되고 있습니다. 정신분석학에서 쓰는 용어들은 대부분 독일어나 프랑스어에서 출발하여 미국으로 건너오면서 대부분 영어로 번역되었습니다. 하지만 라프로치먼트만큼은 번역이 쉽지 않았나 봅니다. 단순히 '다시 가까워짐'이라는 의미 이상으로, 아이가 독립과 의존 사이에서 갈등하며 성장하는 복잡한 심리적 과정을 포함하기 때문이었겠죠. 게다가 이 단어는 프랑스어 발음이 어려운 편이라 영어권에서도 발음이 제각각입니다. '하프로슈멍', '라프로슈멍', '라프로슈먼트' 등 발음이 다양합니다. 이 책에서는 재접근 단계를 라프로치먼트로 칭하도록 하겠습니다.

마거릿 말러는 라프로치먼트를 정상 발달에서 가장 중요한 시기 중 하나로 보았습니다. 다른 학자들은 이 개념을 깊이 다루지 않았지만, 말러는 라프로치먼트를 자신의 이론에서 핵심적인 개념으로 발전시켰지요. 어떻게 보면, 말러 이론의 시그니처 단계라고 할 수 있습니다. 독립성과 의존 욕구가 충돌하는 시기로, 아기는 스스로 하고 싶어 하면서도, 안심이 필요할 땐 다시 엄마에게 돌아갑니다. 감정기복이 심해지고 떼쓰기가 많아져요.

이 시기를 쉽게 설명하면, 아이와 부모 사이에 생기는 '생애 최초의 밀당'이라고 할 수 있습니다. 아이가 걷기 시작하는 때는 세상에 대한 호기심이 폭발적으로 증가하는 시기입니다. 그러면서 동시에, 자신이 어디까지 부모로부터 멀어질 수 있는지, 어디까지 허용되는지를 끊임없이 테스트합니다. 그리고 부모는 아이를 보호하기 위한 '보이지 않는 경계'를 설정해둡니다. 물리적이든 심리적이든 부모가 허용하는 한계가 있다는 말입니다. 재접근 단계의 아이는 이전 단계인 연습 단계보다 활동성이 더욱 증가하여, 그 경계를 넘어가보려는 시도를 합니다.

> 아이: '엄마, 나 이제 멀리 가볼 거야!' (혼자서 멀리 가보려 함)
> 부모: "거긴 너무 멀어! 이리 와!" (다시 끌어옴)
> 아이: '음…. 엄마가 어디까지 허락해주지?' (한 번 더 시도)
> 부모: "그래, 여기까지는 괜찮아. 하지만 그 이상은 안 돼!"
> 아이: '오케이! 이해했어! 하지만… 다시 한번 해볼까?'

이 과정이 반복되면서 아이는 독립과 의존 사이에서 균형을 찾아가게 됩니다.

이 시기의 또 다른 특징은, 세상을 좋은 것과 나쁜 것으로 극단적으로 나누어 인식하는 경향이 있다는 점입니다. 가장 가까운 대상인 부모(주 양육자)에 대해 감정이 널뛰듯 오락가

락하는 모습을 보입니다. 몇 분 전만 해도 "엄마 너무 좋아! 최고야!" 했던 아이가 갑자기 "엄마 싫어! 너무해!"라고 소리를 지릅니다. 어떤 날은 부모가 완벽한 존재처럼 보이지만, 어떤 날은 부모가 너무 밉고, 받아들이기 어려운 존재처럼 느껴지죠. 하지만 이런 감정의 진폭이 크다는 것은 정상적인 발달 과정의 일부입니다. 이 시기를 잘 지나고 나면, 아이는 비로소 좋았던 엄마와 싫었던 엄마가 결국 같은 사람이라는 사실을 깨닫게 됩니다.

본격적 독립 과정

이러한 통합적 사고가 가능해지는 것이 분리-독립 완성 단계, 본격적 독립 과정입니다. 아기는 엄마가 물리적으로 없어도 정서적으로 '존재한다'는 걸 이해합니다. 다시 말해, 엄마는 내 마음속에 있다는 심리적 내재화가 생깁니다. 지금까지 겪은 적절한 좌절이 잘 흡수되었다면, 이 시점에서 아이는 안정적인 자아와 감정 조절 능력을 갖추게 됩니다.

아이가 어느 정도 부모에게서 분리된 개인으로 자리 잡기 시작하면, 이전과는 전혀 다른 방식으로 관계를 인식하는 변화가 일어납니다. 그전까지 아이에게 관계란 '나와 엄마', '나와 아빠' 같은 일대일의 단순한 구조였습니다. 즉, 엄마가 나에게 어떻게 하는지, 아빠가 나에게 얼마나 잘해주는지가 전부였죠. 엄마와 아빠가 서로 어떤 관계인지, 부모가 나 말고 다른 사람과도 관계를 맺고 있는지 등은 전혀 아이의 관심사가 아니었습니다.

아이가 완전히 부모에게 의존하는 시기에는 부모의 관계보다 '나와 부모의 관계'가 더 중요하기 때문입니다. 그런데 분리-독립 과정이 어느 정도 진행되면, 아이는 점차 자신을 둘러싼 더 넓은 관계망을 인식하기 시작합니다.

"엄마와 아빠 사이에도 관계가 있구나!"
"엄마 아빠는 나만 바라보는 존재가 아니라 서로에게도 영향을 주는 관계구나!"

부모가 나만을 위한 존재가 아니라는 걸 이해하는 순간, 아이의 관심은 자연스럽게 부모에게서 벗어나 친구 관계로 확장됩니다. 이제 아이에게는 '나와 친구들'도 중요한 관계가 되고 시야가 넓어지면서 외부 세계를 탐색하기 시작하죠. 이 시기에는 유치원이나 학교에 가면서 부모와의 물리적 분리도 본격적으로 이루어집니다. 아이는 부모와 떨어진 상태에서 교사의 지시를 따르고, 또래 친구들과 어울리며 사회성을 키우게 됩니다.

아이에서 성인으로 발달하는 시기를 정리를 해보면 이렇습니다.

학동기 (초등학교 입학 시기)	부모와의 분리를 경험하며 독립적인 사회생활을 시작하는 단계
잠복기 (초등학교 고학년 무렵)	감정적으로 비교적 안정적이며, 사회적 규범을 배우는 시기
청소년기(사춘기)	독립을 본격적으로 준비하고, 자아 정체성을 탐색하는 단계
성인기	부모로부터 완전히 독립하여 새로운 관계를 형성하는 시기

학동기

세계 어느 문화권이든 아이들이 학교에 가는 연령은 크게 다르지 않습니다. 이유가 뭘까요? 그 나이쯤 되면 공부할 준비가 되어서? 아닙니다. 아이들이 학교에 입학하는 시점은 부모와 분리된 상태에서도 독립적인 개인으로 생각하고, 말하며, 교사의 지시를 따를 수 있는 단계에 도달했는가와 관련이 있습니다. 즉, 심리적 발달 과정이 비슷한 시기에 이루어지기 때문에, 전 세계적으로 학교에 입학하는 시기가 크게 차이가 나지 않는 것입니다.

이 단계에 이르면, 정신분석학에서는 이를 '오이디푸스 콤플렉스Oedipus Complex'와 연결하여 설명하기도 합니다. 하지만 이 용어는 의미가 너무 복잡하고 해석도 다양하기 때문에, 저는 편하게 학교에 입학할 무렵, 즉 학동기學童期라고 부르겠습니다.

오이디푸스 콤플렉스를 부모 자녀 관계를 중심으로 설명하자면, 나 자신을 빼놓고 다른 사람(엄마와 아빠) 사이에도 관계가 있다는 것을 깨닫는 과정이라고 할 수 있습니다. 흔히 말하듯 "나 빼고도 세상이 잘 돌아가더라." 하는 말이 이 깨달음이라고 할 수 있죠. 나를 배제하고도 부모 사이에 친밀한 관계가 존재한다는 것을 받아들이고 나면 자연스럽게 부모에게서 분리되어 적절한 거리가 생기고, 그렇게 되면 자연히 시야가 넓어져 친구 관계의 소중함을 깨닫게 됩니다. 부모의 입장에서 심리적 측면의 자녀 양육은 자녀가 이 단계에 이르기까지 돌보아주는 것으로 충분하다고 볼 수 있습니다. 자녀의 입장에서 그 이후의 단계는 주로 외부 탐색에 에너지를 쏟고 독립적이고 책임있는 개인으로 성장해나가는 시간입니다.

잠복기

학교에 입학하는 시기를 지나 초등학교 고학년 정도가 되면 '잠복기'에 해당합니다. 잠복기의 특징 중 하나는 또래관계에서 '그룹'이 형성된다는 것입니다.

청소년기

청소년기의 핵심적인 역할은 성인기를 준비하는 것입니다. 청소년기란 단순히 '어른이 되기 전의 과도기'가 아니라 미래를 계획하고 설계하는 시기라는 점에서 중요한 의미를 가집니다. 이때 '미래'에 대한 개념을 획득하는 것이 가장 중요합니다. 이 시기는 인간에게만 존재하는 독특한 발달 단계인데요. 동물은 청소년기 없이 바로 성체成體로 성장합니다. 오직 인간만이 성인이 되기까지 더 많은 시간과 노력이 필요하기 때문에 청소년기가 존재합니다.

자, 결국 제가 진짜 말하고자 하는 핵심 메시지는 바로 이것입니다. 이 말을 하기 위해 앞에서 긴 설명을 했는데요. 청소년기가 건강하게 자리 잡으려면, 그 이전 단계인 분리-독립 과정이 안정적으로 진행되어야 합니다. 즉, 부모와의 관계에서 적절한 독립을 이루고, 서로 균형 잡힌 관계를 유지하는 것이 필수적입니다. 분리-독립 과정을 거친 후에 형성된 부모와의 안정된 관계는 단순히 감정적인 유대가 아니라, 아이의 내면에서 하나의 심리적 표상으로 자리 잡습니다. 이 과정을 '내재화Internalization'라고 합니다. 쉽게 말해, 아이가 '아, 관계라는 것은 이런 것이구나.' 하고 마음속에 부모와의 관계 모델을 받아들이는 것입니다. 이처럼 부모와의 안정된 관계가 내재화되면, 청소년기에 있는 아이는 자연스럽게 미래에 대한 계획과 희망을 품게 됩니다.

"나는 앞으로 어떤 삶을 살고 싶을까?"

"어떤 직업을 가질까?"

"어떤 환경에서 살아갈까?"

이러한 고민과 함께, 아이는 점차 자신의 미래를 구체화하기 위해 외부 세계를 탐색하기 시작합니다. 즉, 부모로부터 심리적으로 독립할 준비가 된 아이일수록 더 적극적으로 자신의 미래를 계획하고, 다양한 경험을 통해 성인기로 나아가는 힘을 기르게 됩니다. 청소년기의 핵심은 부모로부터 심리적으로 독립하면서도, 부모와의 관계를 내면적으로 지지받으며 미래를 준비하는 과정이라고 할 수 있겠습니다.

성인기

성인기는 자율성과 책임감을 바탕으로 자신만의 삶을 설계해나가는 시기입니다. 동시에 타인과의 관계 속에서 친밀함을 유지하면서도 건강한 경계를 세우는 능력이 중요해집니다. 이렇게 보면, 태어나서부터 성인이 되기까지의 심리 발달 과정은 결국 부모와의 관계를 중심으로 형성되는 내면적 모델과, 이를 바탕으로 한 독립의 여정입니다.

아이가 태어나는 순간부터 완전한 분리-독립이 이루어지는 과정까지, 이 과정 전체를 넓은 의미에서 적절한 좌절의 과정이라고 볼 수 있죠. 다시 말해, 적절한 좌절이란 세상이 내 뜻대로만 돌아가지 않는다는 것을 배우는 과정입니다. 갓 태어난 아이는 자신과 엄마를 구별하지 못하며, 모든 것이 자기중심으로 돌아간다고 믿습니다. 하지만 성장하면서 점점 '엄마와 나는 같은 존재가 아니구나!' '엄마가 항상 내 뜻대로 움직이는 건 아니구나!'라는 사실을 깨닫게 됩니다. 엄마와 나 사이에 어떤 거리가 존재하고, 그 사이에 경계가 있다는 것도 인정하고 받아들이게 되고요. 그것이 바로 '적절한 좌절'의 경험이고, 그 정도의 관계가 내재화되면 청소년기에 저절로 이제 자신의 미래에 대한 계획을 세우게 됩니다. '나는 나중에 어떻게 살지?'라는 의문이 싹 트면서 거기에 맞는 활동을 하고 외부 탐색을 통해 길을 찾아가게 되죠. 모든 부모들이 원하는 '자기주도성'이 여기에서 출발하는 것입니다.

시대는 변했지만
변하지 않는
양육 이론

대한민국에서 육아서 출판이나 양육 상담이 본격적으로 자리 잡기 시작한 시기는 경제적으로 어려웠던 시기를 지나 1960~1970년대에 접어들면서부터입니다. 이때부터 핵가족화가 본격적으로 진행되었고, 보다 안정적인 경제 환경 속에서 부모들이 양육 방식에 관심을 가지기 시작했죠. 문제는, 그 당시 등장했던 양육 이론 중 아이와 부모 간의 애착을 강조한 이론이 지금까지도 그대로 이어지고 있다는 점입니다. 이론 자체는 의미가 있지만, 적용해야 할 시기와 맥락이 변했다는 사실을 간과한 채, 여전히 같은 방식으로 아이를 키우려는 경향이 남아 있습니다.

애착 이론 자체는 처음 등장했을 당시 아동 발달 분야에서 획기적인 통찰을 제시한 것이었습니다. 이 이론은 영유아기에 부모와 아이 사이에 형성되는 안정적인 정서적 유대가 아이의 심리 발달에 중요하다고 강조하여, 핵가족화로 경험이 부족했던 1960~1970년대 부모들에게 큰 도움을 주었습니다. 그 당시 경제적으로 어렵고 자녀를 많이 낳던 시대적 상황을 반영하고 있기도 하고요. 부모가 한 명의 아이에게 쏟을 수 있는 에너지가 제한적이었기 때문에, 아이 한 명 한 명에게 충분한 관심을 기울여야 한다는 점을 강조하는 것이 중요했던 시기였습니다. 그래서 많은 양육서들은 "부모가 아이와 밀착된 관계를 형성해야 한다." "아이와 충분한 애착을 형성하는 것이 중요하다."는 메시지를 반복적으로 전달했죠. 하지만 애착 형성을 강조한 나머지, 유아기 이후에도 지나친 밀착 양육을 고집하면 오히려 아이의 자율성과 사회성 발달을 저해할 수 있습니다.

현대의 양육 환경은 과거와 크게 달라졌습니다. 산업화 초기였던 1960~1970년대에는 보편적으로 어머니가 전업으로 집에서 아이를 돌보고, 정보도 제한적이라 몇 가지 권위 있는 양육 지침에 의존하는 경향이 컸습니다. 그러나 요즘 시대의 부모들은 대부분 맞벌이를 하거나 다양한 사회활동을 병행하며, 육아 정보도 인터넷과 전문서적을 통해 넘치도록 얻을 수 있습니다. 이처럼 달라진 환경에서는 반세기 전 만들어진 단일 이론만으로 아이를 키우기에는 현실적인 제약이 많고, 아이들이 처한 세계 역시 그때와는 비교할 수 없을 만큼 복잡해졌습니다. 과거 이론이 전제한 '안정적인 경제 성장기 가정'이나 '이웃 공동체의 지원' 같은 조건들이 지금은 희박해진 만큼, 옛 방식 그대로 따라 하다가는 부모와 아이 모두에게 불균형이 생길 수 있습니다.

게다가 우리는 더 이상 '대가족에서 아이를 많이 낳아 기를 것인가? 핵가족으로 키울 것인가?'를 고민하는 시대를 살고 있지 않습니다. '결혼을 할 것인가? 가족을 이룰 것인가?'를 고민하는 시대에 살고 있습니다. 현재 대한민국에서 가장 많은 가족 형태가 무엇인지 알고 계십니까? '1인 가구'입니다. 이제는 가족 관계를 형성할 것인지, 하지 않을 것인지 자체를 고민하는 시대가 되었죠.

또한 아이의 성장 단계에 따라 요구되는 양육 접근법이 다름에도 불구하고, 융통성 없이 대하는 사례도 많습니다. 애착 이론이 강조되다 보니, 만 3세 이전의 아이에게 유효한 지속적 돌봄 방식을 학동기 이후까지 그대로 지속하려는 경우가 있습니다. 이처럼 과잉보호적인 태도는 초등학생이나 청소년기의 아이들에게는 독이 될 수밖에 없습니다. 실제로 초등학생이나 청소년기에는 또래 관계와 자율성이 중요한데, 아직도 유아 다루듯 간섭하면 아이는 반발심만 키우거나 자기 주도성과 사회성을 충분히 함양하지 못할 위험이 있습니다. 좋은 의도로 시작한 애착 육아도 시기를 놓쳐 적용하면 아이의 자립심 결여나 부모와의 갈등을 초래할 수 있다는 것이죠.

과거의 양육 이론들이 특정 시기에는 의미가 있었지만, 그 중요성이 과대평가된 측면이 있습니다. 시대가 변화하면서 가족의 개념도 달라지고 있는데, 여전히 과거의 양육 이론이 절대적인 진리처럼 받아들여지고 있고, 시대가 변했는데 양육 이론은 바뀌지 않고 있습니다. 제가 소아정신과 전문의로 수많은 아이들과 부모를 만나며 최근에 특히 자주 떠올리는 생각도 이와 통합니다.

요즘 부모님들은 최고의 육아와 교육을 하기 위해 정말 열심과 최선을 다합니다. 그런데 아이가 어떤 문제 행동을 보이고 진료실을 찾게 되면, 진료실에 온 부모님들은 그렇게 열심히 노력했는데 왜 이런 일이 생긴 건지 도무지 이해가 가지 않는다고 토로합니다. 아이를 잘 키우기 위해서 노력했고 굉장히 애를 많이 썼고 모든 에너지를 쏟아서 귀하게 키웠는데, 아이가 어떤 갈등 상황을 겪고 상담을 하게 되었으니까요. 아이를 애지중지 키우면서 이런 일을 맞닥뜨리라고는 생각조차 해보지 않으셨을 겁니다. 그런데 아이의 문제 상황을 해결하기 위해 양육 방식을 조금 바꿔볼 필요가 있다고 말씀드리면 억울해하는 부모님들이 있습니다.

"나는 나의 부모님보다 더 훌륭하게 자식을 키우기 위해서 육아서도 정말 많이 읽고 공부했어요. 정말 힘들게, 나의 에너지를 모두 쏟아서 아이를 키웠는데, 결국 내가 아이를 잘못 키웠다는 뜻인가요? 다 내 탓이라는 것처럼 들려요."

그동안의 노력이 모두 수포로 돌아가는 것 같아서 억울하기도 하고 자책감도 들고 분노감도 들었던 겁니다. 그 부모님은 정말 힘들게 아이를 키우셨을 겁니다. 아이를 사랑하는 만큼 정말 좋은 부모가 되기 위해서 애쓰셨을 거예요. 그런데 이야기를 들어보니 남들보다 몇 배는 힘들 수밖에 없겠더군요. 아이가 고등학생이 되도록 내내 세 살짜리처럼 보살피고 있었으니까요. 의도한 게 아니라 자기도 모르는 사이에 그런 행동을 하고 있었던 겁니다.

"일어나! 학교 가야지!"
"새벽까지 핸드폰 보지 말고 제발 좀 일찍 자라!"

"숙제는 다 챙겼니? 교과서는 챙겼니?"

아이가 할 일을 일일이 챙기고 확인해야 하니 에너지가 많이 들 수밖에 없습니다. 청소년쯤 되면 어느 정도 대화를 통해서 자신이 할 일을 스스로 하도록 지도할 수 있습니다. 하지만 부모가 여전히 아이의 모든 생활을 직접 챙기고 해결해 주려 하면 육체적·정신적으로 엄청난 에너지가 소모될 수밖에 없습니다.

문제는, 어떤 부모님들은 이런 육아 방식이 너무 익숙해져서, 힘든 줄도 모르고 힘들어하고 있다는 것입니다. '이 정도는 부모라면 당연히 해야 하는 것'이라고 생각하기도 하고, 심지어 '나는 이렇게 헌신적인 부모야!'라는 자부심을 느끼며 훌륭하게 엄마 역할을 하고 있다고 여기는 경우도 있습니다. 하지만 체력도 돈처럼 한정된 자원입니다. 마구 꺼내 쓰면 번아웃이 옵니다.

"저는 책대로 한 건데요."

제가 이 책을 집필하게 된 계기도 이 말에서 시작되었습니다. 시대는 바뀌었고, 애착보다 분리-독립 과정이 중요하다는 이야기가 한참 전에 나왔어야 할 것 같은데, 이 이야기를 아무도 안 하더라고요. 육아전문가로 활동하시는 분들이 많으니 누군가 하기를 기다렸습니다. 20년간 진료를 하면서 느끼는 점이 점점 커지기도 했고, 더 이상 늦으면 안 되겠다는 생각이 들어 저라도 먼저 이야기를 해야겠다고 생각했습니다.

부모가 아이를 키우면서 가장 많은 에너지를 들여야 하는 시기는 1단계(정상 자폐 단계)와 2단계(공생 단계) 정도입니다. 이 시기에는 무조건적인 보살핌이 필요합니다. 이것은 정신분석 교과서에서도 명확하게 설명하는 부분입니다. 신생아에서 돌 사이의 영아기에는 욕구 충족gratification이 잘 이루어져야 해요. 이는 양육자와의 관계에서 결정적인 역할을 하거든요. 아기는 주로 빨기, 먹기, 신체적 접촉을 통해 쾌감을 경험하고 이를 통해 안정감을 얻습니다. 양육자가 적절한 반응과 애정을 제공하면 아기는 기본적인 신뢰감을 형성하지만, 지속적인 욕구 좌절이나 방치가 있을 경우 불안과 불신이 심화

될 수 있죠. 이 시기의 욕구 충족은 단순한 생리적 만족을 넘어 심리적 안정과 애착 형성의 기초가 되며, 이후 대인관계 및 자아 구조 형성에 깊은 영향을 미칩니다. 따라서 돌 무렵까지는 부모의 헌신적인 돌봄이 필수적입니다.

아이가 자라면 분리-독립 단계에 들어서고, 마지막 단계인 '본격적 독립 과정'을 통과하여, 개인으로 독립해가야 하는데, 분리-독립 단계를 전부 거치지 못하고 그중 연습 단계에 머무른 채 청소년기까지 가는 경우가 많아지고 있는 게 문제입니다. 독립적인 감각이 더 늘어나고 현실적인 한계를 겪고 세상이 내 마음대로 되는 곳이 아님을 경험해야 하는데 스스로 좌절할 기회를 부모가 빼앗는 겁니다. 그런데 사실 우리나라 대부분의 부모님들이 그렇게 양육을 하고 있습니다.

당연히 학부모가 되면 아이가 학교 생활에 잘 적응하는지, 공부는 잘하는지, 친구들과는 잘 지내는지 등등이 걱정이 되고 불안할 거예요. 특히 아이가 중고등학생이 되면 대학 입시를 준비해야 하는데, 한국 사회에서는 교육과 입시의 책임이

거의 부모에게 전가되어 있기 때문에 불안감은 말할 수 없이 클 겁니다. 모두 공감하고 이해합니다.

하지만 우리는 아이가 독립적으로 자라서, 모든 부모가 바라듯 '자기주도적'으로 삶을 살아가기를 기대합니다. 그렇다면 부모의 양육 방식도 이제는 바뀌어야 합니다. 그래야 아이도 부모도 덜 힘들어집니다. 아이가 학교라는 새로운 사회로 나가면, 자연스럽게 다른 아이들과 함께 생활해야 합니다. 그런데 모든 부모가 자기 아이를 세상의 중심에 놓고 키워온 상태에서 그런 아이들이 한 교실에 모이면, 어떤 일이 벌어질까요? 수많은 갈등이 생깁니다.

여러 아이들이 모여 있으면 심리적·사회적 역동(力動, dynamics)이 자연스럽게 일어납니다. 그런데 문제는, 아이들 모두가 자신이 특별하고 우월하다고 생각한다는 점이죠. 그러다 보니 협력보다는 비교와 경쟁이 먼저 드러납니다.

"내가 제일 잘났어!"

"왜 내가 양보해야 해?"

"선생님, 저 먼저요!"

이렇게 자기중심성이 강한 아이들은 타인의 입장을 이해하거나 양보하는 걸 어려워합니다. 집에서는 부모가 "우리 아이가 제일 소중해!"라며 특별한 대우를 해주지만, 학교에서는 모든 아이들이 똑같이 대우받습니다.

"어? 선생님이 나만 챙겨주지 않네?"

"왜 저 친구한테 더 신경 써요?"

"나는 집에서 최고인데, 여기선 그냥 평범한 학생이야?"

이런 변화에 실망하거나 반발하는 아이들이 생길 수 있습니다. 때로는 권위에 도전하거나 규칙을 따르는 것에 저항하는 태도로 나타나기도 합니다. 또 어떤 아이들은 부모가 주던 높은 기대와 관심이 학교에서는 충족되지 않아 스트레스를 받습니다. 결국 자존감이 흔들리고 "나는 왜 예전처럼 특별한 존재가 아니지?"라는 혼란을 겪을 수 있어요. 무엇보다 요즘은 그 갈등이 예전보다 훨씬 커진 상태입니다. 게다가 사실 학부모님들이 가장 많이 하는 고민까지 더해져서 더 혼란한 상황이 만들어집니다.

"우리 아이만 친구들보다 뒤처지는 거 아니야? 뒤처지면 어떡하지?"

준비가 덜 된 상태에서 분리하기를 불안해하는 부모님들이 갖는 걱정이죠. 불안한 이유는 분리-독립이 덜 되었기 때문입니다. 정상적으로 분리-독립을 했다면 사실 그렇게까지 불안해할 필요가 없습니다. 물론 일부 발달이 어려운 아이들이나 특수한 경우는 예외이지만, 대부분의 아이들은 또래 관계 속에서 자연스럽게 성장합니다. 게다가 정서적으로 분리-독립이 덜 된 상태인데, 선행학습은 지나치게 앞서 나간 채 학교에 오니 또래 관계에서도 점점 어려움을 겪게 되는데요. 예전에는 아이들 사이에서 다툼이 생기면, 교사가 조정하거나 아이들끼리 해결하거나 자연스럽게 시간이 지나면서 갈등이 해소되곤 했습니다. 하지만 요즘은 어떤가요? 부모가 개입하고,

행정 절차를 거쳐 문제를 해결하려 하고, 법적 다툼까지 가기
도 합니다. 과거에는 사회적으로 자연스럽게 해결되던 문제
들이, 이제는 더 큰 갈등으로 이어지는 경우가 많아졌습니다.

이해를 위해 그림으로 설명해보겠습니다.

과거에는 가정에서 애착형성
단계(일대일 관계의 단계)까지 마
쳤고, 초등학교에 입학하고 나면
학교라는 사회에서 교사의 말을
따르고 친구들과 교류하면서 학
교에서 상당 부분 분리-독립 과
정을 진행했습니다. 하지만 지
금은 교사가 아동의 심리발달 단
계에서 일어나는 여러 갈등 상황
에 개입하는 것이 거의 불가능한
사회가 되었습니다.

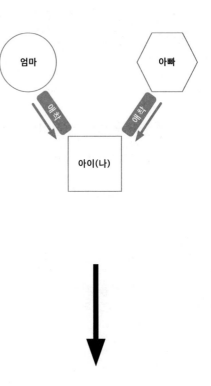

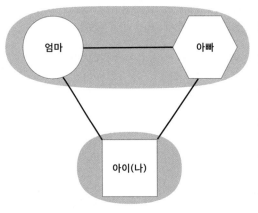

따라서 가정에서, 초등학교 입학하기 전에, '다자관계'의 단계까지 익힌 후에 입학해야 학교생활이 매끄러워집니다. 그렇지 않으면 학교에서 일어나는 많은 시행착오를 개개인이 감당할 수밖에 없습니다.

중요한 건 아이의 정서적 성장을 부모가 얼마나 신뢰하고 기다려줄 수 있는가입니다. 불안은 자연스러운 감정이지만 그 불안을 앞세워 아이의 삶에 과도하게 개입하면 아이의 자립을 막는 결과로 이어질 수 있습니다. 아이가 또래 속에서 겪는 크고 작은 갈등과 경험들은 성장의 일부이며, 부모는 그 과정을 지켜보며 뒤에서 지지하는 역할에 머물러야 합니다.

집 안으로
가출하는
아이들

상담을 하다 보면 부모님들에게 자주 듣는 고민이 있습니다. 중학생이나 고등학생 자녀에게 "앞으로 뭐가 되고 싶니?" "어떤 전공을 선택할 거야?"라고 물으면 "잘 모르겠어요." "아무 생각 없어요."라고만 대답한다는 겁니다. 아이가 진로에 대해 구체적으로 고민하지 않았을 수도 있지만, '나는 누구인가'에 대한 자기 인식이 충분히 자라지 않아서 이런 반응을 보였을 수도 있습니다. 흥미롭게도 이런 현상은 학업 성취도가 높은 아이들 사이에서도 공통적으로 나타나는데요. 아이들이 자기 인식이 부족한 배경에는 '아빠의 무관심'이 작용하고 있습니다.

아빠가 자녀의 삶에 깊이 관여하지 않는 경우, 단기적으로는 아이가 자율적으로 공부하는 것처럼 보일 수 있지만, 장기적으로는 자아 형성에 필요한 자극이 부족해집니다. 아빠라는 '다른 존재'의 시선을 통해 자아를 분화하는 경험을 놓치게 되면서, 아이는 자기 삶에 대해 질문하고 탐색하는 연습을 하지 못한 채 성장하게 되는 것이죠. 결국 "아무 생각 없어요."라는 대답은 자기 안을 들여다보고 고민해본 경험이 부족하기 때문에 나오는 공백의 표현일 수 있습니다.

말러의 이론에서 보면, 아이가 분리-독립 과정을 거치면서 자아 정체성을 확립하게 되면, 필연적으로 '엄마 – 아빠 – 나'라는 다자관계를 이해하게 됩니다. 그렇게 되면 엄마가 시키는 대로만 따르지 않게 되죠. 자기 영역을 깨닫기 시작하면서 지나친 간섭에 저항하게 됩니다. 이 과정이 불편한 엄마들은 자연스럽게 '아빠와 관계가 형성되면 아이가 내 말을 잘 안 듣는다'는 점을 깨닫게 됩니다. 그래서 사교육 열풍이 높은 지역에서 "아빠의 무관심이 아이를 학원에 보내는 데 더 유리하다."는 이상한(?) 말이 돌게 되는 것이죠.

그런데 이 관계가 청소년기까지 이어지면 다른 국면이 펼쳐집니다. 아이는 점점 무기력해지고, 자아 정체성이 확립되지 않은 상태에서 빡빡한 스케줄을 따라가느라 정신이 없습니다. 그러다 어느 날 "넌 나중에 뭘 하고 싶니?"라는 질문을 받으면, 자기 생각이 뚜렷하지 않으니 애매하게 반응하는 거죠. "지금까지 엄마가 시키는 대로 살아왔으니까 앞으로도 그냥 엄마 뜻대로 살게요." "그냥 아무것도 하고 싶지 않아요." 이런 대답이 돌아오게 되는 겁니다.

심리 발달 단계의 정도를 좀 더 이해하기 쉽도록 '진도'라고 표현하겠습니다. 요즘 아이들을 보면 현재 심리 발달의 진도는 유치원 수준인데, 실제 생활은 특히, 학습 성취에 있어서는 청소년기 수준에 이르도록 강요받습니다. 예전에는 이 간극이 커지면 문제를 바깥으로 표출하며 반항을 했습니다. 술 마시고 담배 피우고 싸우고 가출하는 일탈 행동을 했죠. 물론 요즘도 그런 아이들이 있기는 하지만, 상담할 때 저는 밖에서 친구들이랑 어울려 다니면서 말썽부리는 정도면 차라리 낫다고 말합니다. 왜냐하면 말썽을 부린다는 건 최소한 에너지가 남아 있다는 뜻이거든요. 문제의 원인을 파악하기도 상대적으로 쉽고요.

하지만 요즘 청소년 문제의 양상은 다릅니다. 밖에 잘 나가지 않아요. 학교도 최소한의 출석 일수를 채우기 위해서만 갑니다. 날짜를 계산해가면서 유급을 피할 정도로만 출석하고, 학교에 갔다 해도 보건실에서 시간을 보내거나 일찍 조퇴를 하는 식입니다. 아이의 진짜 삶은 집에서 시작됩니다. 게임을 하거나 좋아하는 아이돌을 찾아보거나 웹툰을 보면서 시간을 보내죠. 굳이 밖으로 가출할 이유가 없습니다. 원하는 욕구를 대부분 해결할 수 있는 환경이 집 안에 조성되어 있으니까요. 저는 이런 경우를 부모님께 설명할 때 '집 안으로 가출한 상태'라고 표현합니다. 집 안에서 자기 방으로 가출을 한 거예요.

이런 상황에서 부모가 여전히 학습을 강요하고, 분리-독립 과정을 막아버리면 아이는 필연적으로 무기력해집니다.

"그래도 그렇게 공부를 시켜서 성적이 오르고 좋은 대학에 가게 되면 성공 아닌가요?"

이렇게 반박하는 분들도 있습니다. 물론 일부는 학업 성취를 이루기도 합니다. 하지만 과연 몇 명이나 끝까지 버틸 수 있을까요? 엄마가 짜놓은 스케줄을 따라가다 지쳐버린 아이는 공부를 포기하는 것뿐 아니라 부모와의 관계에서도 멀어집니다. 이런 아이들은 떠나고, 남아 있는 아이들이 존재하니 대치동 시스템이 마치 성공한 것처럼 보이지만, 사실 실패한 사례들은 사라져서 눈에 보이지 않을 뿐입니다. 이를 '선택편향Selection Bias'이라고도 하는데요. 이는 데이터를 선택하는 과정에서 특정 그룹이 과도하게 포함되거나 배제되면서 왜곡이 발생하는 현상을 말합니다. 실패한 사례들은 자연스럽게 배제되면서, 성공한 사례들만 보이는 현상이죠.

실패하기 전까지 이 아이들은 초등학교 고학년까지는 엄마 말을 잘 듣는 편입니다.

"우리 아이는 참 착하고, '아기 같고', 말도 잘 들었어요. 그런데 중학교에 가더니 갑자기 다른 애가 된 것 같아요. 다른 사람에 빙의된 것처럼 2~3개월 만에 확 바뀌었어요."

초등학교 고학년까지 이 아이는 분리-독립 이전 단계에 머물러 있어서 관계 형성의 발전이 멈춘 상태였을 겁니다. 인위적으로 심리 발달이 멈추어졌다고 할 수 있습니다. 그러다가 청소년기에 도달을 하면, 심리 발달 진도가 신체적 성장과 사회적 성장 진도를 따라가기가 힘들어집니다. 그 간극이 감당할 수 없는 수준에 달하게 되니 문제가 발생하는 건데요. 요즘 아이들은 문제를 밖으로 드러내지 않고, 집 안으로 숨어버립니다. 그런데 집 안으로 가출하는 패턴을 보이는 아이들의 생활은 대개 이렇습니다.

엄마, 아빠가 깨어 있는 동안에는 자고, 부모님이 잠들고 나면 그때부터 하루가 시작됩니다. 엄마가 밤 12시, 1시까지 "너 지금 뭐 하는 거야?" 하고 감시하면, 그때까지는 본인의 시간을 가질 수가 없으니 엄마가 잠드는 시간을 기다립니다. 엄마가 버티면 아이도 버팁니다. 부모가 먼저 지쳐 잠들면 그제야 본격적인 자기 시간이 시작됩니다. 컴퓨터나 스마트폰을 하며 시간을 보내다가 해가 뜰 무렵이 돼서야 잠듭니다. 그렇게 되면 아침에 일어날 수가 없습니다. 처음엔 질병 결석으로 부모가 커버를 해주지만, 이 패턴이 길어지면 더 이상 감출 수 없게 됩니다.

이때 부모가 전날 밤 "내일은 학교 갈 거지?"라고 물으면 아이는 "네! 내일은 꼭 갈게요!"라고 다짐합니다. 하지만 다음 날 아침이 되면 다시 못 일어나고 학교에 안 갑니다. 상담할 때 아이의 입장을 들어보니 학교를 가지 않은 이유가 의외였습니다. 학교에서 어떻게 행동해야 할지 모르겠다는 겁니다.

학교에서 모든 친구들이 자신을 쳐다보고, 자신에 대한 안 좋은 얘기를 하는 것 같다고 느꼈다고 합니다. 사실 어린아이들에게 이런 감각은 정상적인 발달 과정 중 하나예요. 하지만 청소년이라면 그런 불편한 감정을 자연스럽게 넘기는 능력이 생겨야 합니다. "뭐, 쟤는 날 안 좋아하나 보다." 하고 대수롭지 않게 생각하는 능력 말이에요. 그런데 이런 능력은 자기만의 심리적 공간, 즉 '바운더리'가 있어야 형성됩니다. 이 바운더리가 없으면, 외부 자극을 전혀 걸러내지 못하거든요. 심리 발달 진도는 유치원생인데 중학교에 다니고 있으니 적응하기가 힘들었을 겁니다.

그러니 학교에 다녀오는 것만으로도 엄청난 피로감을 느끼게 됩니다. 집에 오면 완전히 탈진해버리죠. 또다시 엄마, 아빠가 잘 시간쯤 돼서 일어나 자기 시간을 갖고, 새벽까지 깨어 있다가 해가 뜰 무렵에 잠드는 패턴을 반복하게 됩니다. 요즘 이런 패턴을 보이는 학생들이 많아졌는데, 이 문제가 꽤 심각한 수준에 이르렀다는 걸 알 수 있습니다.

학교 생활이 어렵고 친구 관계가 힘들다고 하니 사회불안 정도로 보는 부모님도 계셨는데, 사회불안 증상은 발표를 해야 할 때 얼굴이 빨개지고, 인터뷰를 하러 갈 때 가슴이 터질 것처럼 두근거리는 경우를 말하죠. 사실 사회불안은 필요한 경우 약물 치료만으로도 어느 정도 조절이 가능합니다.

하지만 '집 안으로 가출'하는 아이들은 그 차원이 다릅니다. 하루 종일 부모의 시선과 기대, 통제 속에서 살다가 부모가 잠든 밤에야 비로소 자기다운 시간을 갖게 되죠. 그때야 유튜브를 보거나, 음악을 듣거나, 아무것도 하지 않고 멍하니 있는 시간이 주어지는 겁니다. 하루 중 유일하게 자기 자신으로 있을 수 있는 시간이 '부모의 통제에서 벗어난 밤'뿐이기 때문에 늦게까지 잠들지 않고 그 시간을 최대한 붙들고 싶어 합니다.

문제는, 아이 스스로 이 관계를 깨기가 너무 어렵다는 점입니다. 여기에 부모의 통제에 저항하면 심각한 갈등이 발생할 수 있는데, 요즘은 가족 구성원이 많지 않아 이런 갈등 자체가 가족 시스템을 무너뜨릴 수도 있습니다. 아이로서는 갈등을 피하는 쪽을 선택할 수밖에 없습니다. 그래서 부모와 충돌하는 대신, 조용히 집 안으로 가출하는 방식을 택하는 겁니다. 한편으로는, 이것도 일종의 독립을 위한 시도라고 볼 수 있습니다. 나름대로 자기만의 바운더리를 만들어보려는 몸부림이죠. 사람이라면 누구나 생존을 위해 자기만의 공간을 필요로하니까요.

이제는 이런 문제를 단순히 '학교 가기 싫어하는 문제'로 치부할 것이 아니라 우리 사회 전체가 심각하게 고민해봐야 할 시점이 아닐까요?

청소년기에 다시 시작하는 분리-독립 과정

이 문제의 해결 방법은 사실 단순합니다. 상담에서 제시하는 해결책은 '분리-독립 단계'를 다시 진행하는 것입니다. 멈춰 있던 분리-독립 과정을 다시 시작하는 거죠. 그럼 구체적으로 어떻게 해야 할까요? 핵심은 '존중'입니다. 이 말을 들으면 대다수 부모님들은 이렇게 반응하십니다.

"그럼 얘가 뭘 하든 그냥 놔두라는 뜻인가요?"

이 말로 이 부모님이 자녀와의 관계를 어떻게 바라보고 있는지 알 수 있습니다. 100퍼센트 컨트롤할 수 없으면 완전히 손을 놓아버린다는, 극단적인 사고방식을 갖고 계신 겁니다. 사실 이런 식으로 관계를 설정하는 부모님들은 친밀한 관계 형성에 익숙하지 않은 경우가 많습니다. 인간관계의 핵심은 '거리 조절'이에요. 존중이란 곧, 적절한 거리를 유지하는 것입니다. 그 거리가 유지되면, 아이는 자연스럽게 그 틈에서 자기 자아를 형성해나갑니다. 아이가 스스로 성장할 공간을 만들어주어야 합니다.

아이가 자아를 형성하는 과정은 하루아침에 이루어지지 않으니, 아이는 시행착오도 겪고, 마음의 상처도 받을 겁니다. 이 과정을 지켜보는 것이야말로 부모에게는 더 큰 인내가 필요한 일입니다. 그냥 부모가 대신 결정해주는 것이 훨씬 마음이 편할 겁니다. 하지만 그렇게 하면 아이가 자아를 형성할 기회를 박탈당하는 것이죠. 특히 청소년기에 분리-독립 과정을 시작하는 것은 당연히 더 어렵습니다. 아이가 신체적으로 많이 자랐고 언어나 행동이 덜 발달했던 유아기에 비해 시간도 더 많이 소요될 겁니다. 하지만 지금이라도 하지 않으면 아이가 스스로 언젠가 깨닫고 자아를 찾을 때까지 무작정 기다리는 수밖에 없습니다.

중학교 1학년 여학생이 있었습니다.

부모님 두 분 모두 전문직이셨고, 아주 뚜렷한 양육 태도와 신념을 가지고 계셨죠. 그런데 아이의 심리 발달 단계에서 보자면, '라프로치먼트 단계'가 거의 없는 상태였습니다. 부모가 설정해놓은 경계가 너무나 견고해서, 아이가 그 근처에조차 접근할 수 없었던 거예요. 아이가 독립적인 존재로 성장하려는 시도를 아예 허용하지 않았던 거죠.

객관적으로 보면, 부모님의 말씀이 틀린 건 하나도 없었습니다. 공부를 열심히 해야 하고, 생활을 규칙적으로 해야 하고, 예의 바르게 행동해야 한다, 모두 옳은 말이죠. 그런데 문제는, 부모님이 이 원칙을 철저하게 지키도록 강요하고 지나칠 정도로 엄격하게 훈육하면서도, 동시에 정서적으로는 딸을 너무나 어린아이처럼 대한다는 것이었습니다. 특히 아빠는 딸을 정말 예뻐했습니다. 친밀감을 표현할 때도 네 살짜리 아이처럼 대했습니다. 청소년이 된 딸에게 "아이고, 우리 애기, 귀여워라~."라고 말하거나 스킨십도 유아기 아이를 다루듯 했어요. 아이를 무척 사랑하면서 정작 딸의 자율성은 전혀 인정하지 않았습니다. 아이 입장에서는 어땠을까요?

사춘기가 되면서 부모와 의견이 다를 수밖에 없는 건 너무나 자연스러운 일입니다. 아이가 자기만의 생각이 생기면 부모와 갈등도 빚게 마련인데 이 가정에서는 그 자체가 허용되지 않았어요. "엄마 아빠가 틀린 말을 한 적이 있냐?"라는 식으로 논리가 전개되며 무조건 부모 말이 맞으니 따라야 한다는 분위기였습니다. 이 아이는 친구 관계도 부모가 원하는 대로 맺어야 했어요.

"친구를 만나도 모범적인 친구를 만나고, 서로 좋은 방향으로 도움을 줄 수 있어야 해."

이 말도 맞는 말입니다. 하지만 그게 100퍼센트 강요가 된다면 어떨까요? 아이의 삶은 부모가 설계한 틀 안에서만 이루어지게 됩니다. 그렇게 억눌린 채 생활하던 이 아이는 중학교 1학년 여름방학이 지나자 학교 가는 것을 점점 힘들어했습니다. 처음에는 두통이나 복통을 이유로 질병 결석을 했어요. 우리나라에서는 병원에 가서 간단한 진단서를 받는 것이 어렵지 않다 보니 부모님도 쉽게 넘어갔죠. 하지만 점점 질병 결석이 늘어나더니 결국에는 특별한 이유 없이 학교를 빠지는 날이 잦아졌습니다. 기상 시간도 점점 늦어지고, 부모님조차 아이가 몇 시에 자는지 알 수 없는 상황이 되어버렸죠. 두 분 모두 출근을 하셔야 했기 때문에, 부모가 집을 나선 후에야 아이가 겨우 일어나게 되는 상황이 반복되었습니다.

부모님은 오랜 고민 끝에 상담을 요청하셨습니다. 그리고 여기서 중요한 갈림길이 나타났습니다. 그 부모님은 자신의 양육 방식이 잘못되었다고 생각하지 않으셨거든요. 오히려 이렇게 말씀하시곤 했습니다.

"제가 지금까지 아이에게 해준 말 중에 틀린 게 있나요?"

이는 맞고 틀리고의 문제가 아닙니다. 그 부모님이 놓친 핵심은 바로 '관계에서 거리 설정이 없었다'는 점이었어요. 부모가 아이를 사랑하고 소중하게 여기는 것은 분명합니다. 하지만 그 사랑이 너무 가까운 거리에서만 이루어지고, 아이가 스스로 성장할 공간을 허용하지 않으면 결국 아이는 자신만의 삶을 찾기 어려워집니다.

이 사실을 빠르게 이해하고 변화를 시도하는 부모님도 계십니다. 그런 경우에는 아이가 좋아집니다. 아이의 생활 패턴이 점차 정상적인 낮 시간대로 돌아오고, 학교도 다시 다니게 됩니다. 하지만 반대로, 부모님이 이 개념을 받아들이지 못하면 상담을 중단합니다. 그러다 몇 년이 지난 후, 상황이 훨씬 더 악화된 상태에서 다시 상담을 요청하는 경우도 있죠.

부모님들은 흔히 '사랑하고 아껴주고, 예뻐해주는 것'이 훌륭한 양육이라고 생각합니다. 물론 그것도 매우 중요한 요소죠. 하지만 그것만으로는 충분하지 않습니다. 사랑과 보호는 필수적인 요소지만, 아이가 건강하게 성장하려면 '자율성과 독립성'도 함께 길러져야 합니다.

그런데 일부 부모님들은 '나는 아이를 누구보다 사랑하고 헌신적으로 키웠으니 내 양육 방식은 완벽하다.'고 생각합니다. 그래서 자신의 헌신적인 사랑이 아이의 독립성을 방해한다는 사실을 받아들이지 못합니다. 그러나 부모가 자신의 양육 방식이 완벽하지 않을 수도 있다는 가능성을 인정하고, 변화의 필요성을 받아들이는 것, 이것이야말로 진정한 성장입니다. 그런 변화가 아이에게도 더 나은 미래를 선물해줄 수 있고, 무엇보다 부모도 아이도 마음이 편해집니다.

그 중학생 아이의 부모님은 이런 질문도 했습니다.

"제 눈에는 제 딸이 너무 귀엽고 예쁜데요. 사춘기가 되었다고 포옹도 하면 안 되나요?"

관계 설정에서 '불변의 정답'을 설정해두고, 그에 따라 양육하려는 부모님들이 전형적으로 하는 질문입니다. 머리맡에 정답지를 붙여놓고 그대로 따라 하면 된다고 생각하시는 겁니다. 하지만 관계에는 정답이 없습니다. 어제는 정답이었지만 오늘은 아닐 수도 있습니다. 아이는 계속 성장하고, 관계는 끊임없이 변하기 때문이죠. 정답을 찾기보다 변화하는 상황 속에서 어떻게 균형을 맞춰갈지 고민해야 합니다. 스킨십을 어색해했던 우리나라 사람들도 이제 친구끼리는 헤어질 때 허그도 자연스럽게 합니다. 스킨십을 어디까지 할 것인지는 사람과 사람 사이의 친밀도에 따라서 결정하면 되는 것이죠. 그런데 부모님들이 상담을 하실 때 이런 스킨십의 정도를 어디까지 허용해야 하는지에 대해 '매우 구체적인 답'을 원하시곤 합니다.

"허그는 해도 되나요?"

"뽀뽀는 안 되나요?"

이런 식으로 어떤 행동은 되고, 어떤 행동은 안 된다는 명확한 가이드를 원하시지만, 사실 이런 방식의 접근은 오해를 불러일으킬 가능성이 큽니다. 인간관계라는 것은 그렇게 흑백논리로 나눌 수 있는 것이 아니기 때문입니다.

"허그는 괜찮다고 하셨으니 허그까지만!"

이렇게 딱 선을 긋고 그대로 따르기만 하면 편하겠죠. 하지만 친밀감을 표현하는 방식은 나이와 관계 속에서 자연스럽게 변화합니다. 스킨십을 어디까지 해야 할지 고민이라면 가장 먼저 고려해야 할 것은 아이의 연령과 성장 단계입니다. 아이가 성장하면서, 특히 사춘기에 접어들면 예전처럼 신체 접촉을 좋아하지 않거나, 오히려 거부감을 보일 수 있습니다. 엄마나 아빠가 아무리 아이를 사랑한다고 해도, 아이 입장에서는 '이 정도 거리까지만 허용할래.'라는 신호를 보내기 시작합니다. 부모가 아이를 잘 관찰하며 이 신호를 잘 감지해야 합니다.

"엄마 아빠가 널 얼마나 예뻐하는데 왜 싫다고 하니?"

이런 반응을 겪은 아이는 자신이 싫다는 의사를 표현하는 것이 두렵게 느껴지게 됩니다. 아이 입장에서는 단순히 '너무 가까워서 부담스러워.' '나도 이제 컸으니까 적당한 거리를 지켜줬으면 좋겠어.'라는 의미였을 뿐인데, 부모가 서운해하거나 화를 내면 다음부터는 그냥 참고 넘어가게 됩니다. 아이가 싫다고 할 때 중요한 것은 부모가 자신의 감정을 돌아보는 것입니다.

'나는 우리 아이가 너무 사랑스러워서 애정 표현을 하려고 하는데 아이는 싫다고 하네. 그럼 혹시 내가 아이를 너무 아기 때처럼 대하고 있는 건 아닐까?'

부모가 아이를 아기 때처럼 대할수록 아이는 자연스럽게 거리를 두려는 반응을 보이게 됩니다. 이때 부모가 적절하게 조절하지 못하고 계속 같은 방식으로 애정 표현을 하려 하면 아이는 점점 더 불편함을 느낍니다.

기존의 양육서들은 애정 표현을 많이 할수록 좋다고 강조

해왔습니다. 앞서 이야기했던 '우량아 선발대회'처럼 정서적인 부분에서도 사랑은 넘칠수록 좋은 것이라는 생각이 강했습니다. 하지만 양육에서도 '거리 조절'은 매우 중요한 요소입니다. 이 개념을 이해하면 아이가 갑자기 부정적인 반응을 보일 때도 '아, 아이가 지금 거리 조절을 하고 싶어 하는구나.' 하고 받아들일 수 있게 됩니다. 그리고 "이 행동을 해도 되나요, 안 되나요?"라는 질문에도 더 명확한 답을 찾을 수 있게 됩니다.

물론 아이를 키우면서 '내가 뭔가 잘못하고 있는 건 아닐까?' 하는 불안감은 모든 부모에게 있습니다. 그렇기 때문에 확실한 답을 찾으려는 마음이 더 강해지는 것도 충분히 공감합니다. 하지만 관계는 상호적인 것이므로 오늘 맞는 방법이 내일도 맞으리라는 보장은 없습니다. 관계는 저울에 물건을 올려놓고 정확하게 균형을 맞추는 것과는 다릅니다. 저울의 균형은 단순한 물리적인 평형balance이지만, 사람 사이의 균형은 그렇게 고정된 것이 아닙니다. 커다란 플라스틱 통이 두 개 있다고 가정해보겠습니다. 한쪽에는 맑은 물을, 다른 한쪽에는 소금물을 넣고, 그 사이에 물이 통과할 수 있는 막membrane을 둔다면 어떻게 될까요? 처음에는 농도가 다르지만 시간이 지나면서 두 통의 물이 섞이면서 점점 비슷한 농도로 균형을 이루게 됩니다. 이 과정이 바로 이퀄리브리엄equilibrium, 즉 끊임없는 상호작용을 통해 점차 균형을 맞춰가는 과정입니다.

관계도 마찬가지입니다. 한 번 정해지면 고정되는 것이 아니라, 계속 조율하고 맞춰나가는 것입니다. 하지만 많은 부모님들이 "이건 되고, 저건 안 된다." 같은 단순하고 정확한 규칙을 기대하십니다. 세상에 그런 매뉴얼이 존재한다면 상담을 길게 할 필요도 없고 육아도 참 수월할 겁니다.

육아는 부모와 자식 간의 관계를 형성하는 것 또한 포함하는데, 관계를 유지하는 데는 반드시 에너지가 듭니다. 그리고 그 과정에서 불편함도 생길 수 있습니다. 그 불편함을 피하기 위해 몇 가지 정답으로 관계를 단순화하려고 하면 더 큰 문제에 맞닥뜨리게 됩니다. 부모와 아이 사이의 관계도, 친구 사이의 관계도, 결국은 끊임없는 상호작용을 통해 조정되고 변화하는 것입니다. 그러니 정답을 찾으려 하기보다는 변화하는 균형을 유지하는 법을 배우는 것이 더 중요하다는 점을 기억해주셨으면 합니다.

잠자리 분리
그리고
이불킥의 시간

"그러면 구체적으로 어떻게 해야 하나요?"

상담 중 부모님들이 가장 자주 하는 질문입니다. 이론도 이해했고 좋은 말씀인 건 알겠는데, 지금 당장 무엇을 해야 하느냐는 거죠. 가정마다 상황과 가치관이 다르기에 정답은 없지만, 많은 문제의 해결 출발점이 되는 핵심적인 가이드 라인

은 분명 존재합니다. 가장 먼저 실행해야 할 행동으로 제가
권하는 방법은 바로 취학 전 잠자리 분리와 식사 예절입니다.

식사 예절

식사 예절에서 중요한 요소는 세 가지입니다.

1. 시간개념
2. 같이 식사하는 사람에 대한 예의
3. 식사를 준비한 사람에 대한 감사

1. 시간 개념

배가 고프면 먹고 배가 고프지 않으면 먹지 않는다는 태도
는 '식사'라고 할 수 없습니다. 그저 음식물을 섭취하는 행위
이지요. 식사 시간을 지키는 것은 다른 사람들과 시간대를 공
유하는 가장 자연스럽고 쉬운 방법입니다.

2. 같이 식사하는 사람에 대한 예의

같이 식사하는 사람들에 대한 예의 또한 중요합니다. 아주 어린아이들이 스마트 디바이스를 보면서 음식을 먹고 같은 자리에 앉은 부모들도 각각 스마트 폰을 들여다 보는 상태에서 음식을 섭취하는 장면을 자주 보게 되는데요. 이는 기본적인 사회화의 중요한 과정을 빠뜨린 채 아이를 양육하는 행위입니다. 부모가 수고가 좀 더 들더라도 함께 눈맞춤하면서 식사해야 합니다. 그 수준에 이르러야 취학 준비가 되었다고 할 수 있습니다.

2. 식사를 준비한 사람에 대한 감사

식사를 준비한 분에 대한 감사가 꼭 필요합니다. 간혹 아이에게는 식사를 준비해주고 조금이라도 아이 입맛에 맞는 갓 조리된 음식을 먹이려고 아이 식사 시중만 들다가 식사 시간을 보내는 부모님이 계십니다. 이런 경우 아이는 부모의 역할과 '시중드는 사람'의 역할을 구분하지 못하게 됩니다. 식사 준비를 할 때 아이에게 작은 역할이라도 주어서 참여시키고,

식사는 꼭 같이 하셔야 합니다.

요즘엔 초등학생 때부터 학원 스케줄을 빠듯하게 잡다 보니 자동차 안에서 음식을 먹이는 부모님들이 계십니다. 식사를 자동차 안에서 해야만 소화되는 일정이라면 지금이라도 일정을 줄이십시오. 그 아이는 식사가 뭔지 모른 채 성장하게 됩니다.

잠자리 분리

저는 늦어도 초등학교 입학하기 전에 잠자리 분리를 하라고 권합니다. 7살 때까지는 자기 방에서 혼자 잘 수 있어야 합니다. 그런데 이런 걱정을 하시는 분들이 많았습니다.

"아이가 울면서 거부하는데 정서적으로 너무 힘들어하지 않을까요?"

"늘 같이 자다가 따로 자면 저도 허전해서 잠이 잘 안 올 것 같아요."

　이런 반응은 상당히 자연스러운 정서적 반응입니다. 아이가 처음으로 부모의 품을 떠나 독립하는 과정을 겪는 것이기 때문에, 부모 역시 '이별'을 경험하게 되는 셈이죠. 실제로 아이보다 부모가 더 이 변화에 적응하지 못하는 경우가 있습니다. 아이는 생각보다 훨씬 빠르게 새로운 환경에 적응하고, 자신만의 공간에서 안정감을 찾습니다. 아이를 위해 적극적으로 잠자리 분리를 시도해야 합니다. 아이가 '심리적 모체symbiotic phase'에 과도하게 머무르면, 자율성과 자기 조절self-regulation 능력이 발달하지 못할 가능성이 높아집니다. 아이가 신체적으로는 자라고 있어도, 정서적으로는 여전히 부모의 품 안에 머물게 되는 것이죠.

　이런 맥락에서 잠자리 분리는 단순히 수면 습관의 문제가 아닙니다. '분리-독립'의 출발점이며, 자기self의 경계를 형성하는 실천적인 경험이기도 합니다. 잠자리 분리를 통해 아이는 물리적인 공간을 넘어 심리적 경계를 배우고, 그 안에서 자신의 감정을 정리하고 다루는 능력을 키워갑니다. 이는 자기 효능감을 기르는 기초 토대가 됩니다.

또한 뇌과학적으로도, 혼자 자는 경험은 아이의 전두엽 발달에 긍정적인 영향을 줍니다. 전두엽은 감정 조절, 충동 통제, 문제 해결 등의 고등 인지기능을 관장하는데, 이 기능들이 제대로 발달하려면 적절한 자극과 경험이 필요합니다. 잠자기 전, 아이가 하루 동안 있었던 일을 되돌아보며 느끼는 불안, 후회, 걱정 등을 스스로 소화하려는 시도는 뇌 발달에도 직접적인 영향을 미칠 수 있습니다. 연구에 따르면, 유아기의 자기 위안 능력self-soothing은 장기적으로 감정 조절력과 스트레스 대처능력에 밀접한 관련이 있습니다. 혼자 잠드는 과정을 통해 아이는 처음에는 불안을 느끼지만, 점차 스스로를 안정시키는 내적 메커니즘을 형성하게 됩니다. 이런 과정이 반복될수록, 이후 또래 관계에서의 갈등 상황에서도 비슷한 방식으로 스스로 감정을 정리하고 대응할 수 있는 힘이 길러집니다.

그럼에도 불구하고 많은 부모님들이 아이가 혼자 자면 외로워할 것 같다고 걱정합니다. 이렇게 생각하는 이유는 부모의 내면에도 '애착 대상과의 분리'에 대한 두려움이 남아 있기 때문입니다. 미국의 심리학자 메리 에인스워스Mary Ainsworth는 애착 이론을 통해 부모의 애착 유형이 아이의 정서 발달에 결정적인 영향을 미친다는 연구를 발표했는데요. 예컨대, 불안-회피형 애착을 가진 부모는 아이가 자신에게서 독립하려는 시도를 위협으로 느끼고, 무의식적으로 아이를 붙잡으려고 합니다. 반대로, 안정 애착을 가진 부모는 아이가 떨어지더라도 여전히 관계가 지속될 수 있다는 믿음을 갖고 있기 때문에 분리를 비교적 수용적으로 받아들입니다.

결국 잠자리 분리는 부모가 아이의 성장과 자율성을 얼마나 '신뢰'하고 수용하는지에 대한 태도와 직결됩니다. 허전한 마음이 드는 것은 충분히 공감할 수 있지만 부모라면 허전함과 걱정에서 나오는 질문을 바꿔야 합니다. "아이를 따로 재우면 외로워하지 않을까?"가 아니라 "이 아이가 어떻게 하면 자기만의 공간에서 안정감을 느끼며 성장할 수 있을까?"로 말이죠.

정신분석가 도널드 위니콧D. W. Winnicott은 『충분히 좋은 부모Good Enough Mother』라는 책을 통해, 부모가 모든 요구를 즉각적으로 충족시키는 것이 오히려 아이의 자율성과 자아 발달을 방해할 수 있다고 지적했습니다. 완벽하게 돌봐주는 부모보다 어느 정도 아이가 혼자 감정을 다뤄야 하는 상황을 제공하는 부모가 아이의 심리적 자립에 더 도움이 된다는 것이죠. 부모가 아이에게 줄 수 있는 최고의 선물은 지나친 개입이 아닌 적절한 거리감입니다. 이 거리감은 아이가 '혼자서도 괜찮다'고 느낄 수 있는 심리적 안정감을 주는 태도를 의미합니다. 그리고 그 출발점이 바로 '잠자리 분리'입니다.

상담에서 잠자리를 분리하라는 얘기를 듣고, 실제로 적용할 때 부모님들이 흔히 하는 실수가 하나 있습니다. 잠자리를 분리하자고 아이에게 말할 때 아이가 떼를 쓰고 말을 듣지 않을 수 있는데, 그 상황을 모면하기 위해 "상담을 해보니 의사선생님이 이제 잠을 따로 자야 한다고 했어."라고 얘기하는 경우입니다. 이 메시지는 아이 입장에서 어떻게 들릴까요? "엄마는 우리 ○○이랑 같이 자고 싶은데 의사 선생님이 시켰으니 어쩔 수 없이 따로 자야 해." 이렇게 해석됩니다. 엄마와 나 사이에 '관계의 방해자'가 등장한 셈이죠. 그러면 아이는 더 필사적으로 엄마와 붙어 있으려고 떼를 씁니다. "○○이도 이만큼 컸으니 혼자 잠자는 건 '충분히' 스스로 해결할 수 있어." 부모가 직접 이 메시지를 잘 전달해야 합니다.

잠자리를 함께한다는 것은 심리적으로 부모와 밀착되어 있다는 의미입니다. 따로 잔다는 것은 물리적인 거리뿐 아니라 심리적인 거리의 조절이 시작된다는 뜻입니다. 잠자리 분리는 아이의 자기 조절 능력과 사회적 관계 형성 능력을 키우는 데 있어 결정적인 전환점이 됩니다. 잠자리를 분리해야 분리-독립이 시작됩니다. 그래야 친구 관계가 제대로 형성될 수 있습니다. 친구 관계가 제대로 형성되려면 부모와 아이 사이의 심리적 거리도 조정되어야 하거든요.

예를 들어, 아이가 초등학교 저학년 때까지는 그래도 엄마

손을 꼭 붙잡고 다니는데요. 조금 더 크면 엄마랑 손을 잡고 가고 있는데 길에서 친구를 만나면 슬쩍 손을 뺍니다. 손 잡지 말라고도 하고요. 심지어 떨어져 걸으라고도 합니다. 엄마는 서운한 마음이 들겠지만 이는 아주 자연스러운 현상이고 잘 분리-독립되고 있다는 신호이니 기뻐하셔야 해요. 친구가 지나가는데도 여전히 엄마 손을 꼭 붙잡고 있다면, 또래 아이들은 본능적으로 그 아이를 다르게 인식합니다.

'쟤 아직 아기구나. 쟤랑 놀면 재미없을 것 같은데?'

이렇게 느끼게 되는 거죠. 친구 관계라는 것은 늘 즐겁기만 한 것이 아닙니다. 같이 놀다 보면 갈등도 있고, 의견 차이도 생깁니다. 하지만 부모 손을 잡고 있는 아이들은 이런 갈등 상황이 오면 갈등을 스스로 해결하는 것이 아니라 엄마를 찾습니다. 그러니 함께 놀기가 재미없어지는 거죠.

이런 관계에서 벗어나려면 어떻게 해야 할까요? "친구랑 놀 때는 엄마 손을 놓아야 해."라고 가르쳐주어야 할까요? 아니죠. 그렇게 말하는 것 역시 아이의 분리-독립을 방해하는 말입니다. 아이 스스로 '여기는 엄마 아빠의 영향력이 미치지 않는 영역이구나.'라고 '느낄 수 있도록' 해야 합니다. 아이가 스스로 해결해야 하는 영역이 있다는 것을 경험하게 하는 것이 바로 적절한 좌절입니다. 그렇게 바운더리 설정을 시작하는 첫 단계가 잠자리 분리이고요. 아이가 친구들과 잘 지내기를 바라신다면 부모가 개입을 줄여야 합니다.

이불킥의 시간

잠자리 분리의 핵심은 단순히 따로 자는 것이 아니라 아이가 스스로 감정과 생각을 정리하는 능력을 키우는 데 있습니다. 누워서 잠들기까지 머릿속을 스치는 여러 가지 부정적인 감정과 생각들을 스스로 소화할 수 있어야 또래 관계에서 갈등이 생겼을 때도 쉽게 무너지지 않습니다. 부모에게 의존하지 않고, 갈등을 조절하고 조율하는 능력을 키워야 건강한 친구 관계가 가능해집니다.

'이불킥'이라는 말을 아실 겁니다. 이불킥은 자기 전에 이불을 덮고 누워 있다가 과거에 했던 창피한 말이나 행동이 불현듯 떠올라 후회와 민망함에 몸부림치며 이불을 발로 걷어차는 행동을 가리킵니다.

"아, 진짜 왜 그때 그런 말을 했지….."
"그때 그냥 넘어갔으면 됐는데 왜 그렇게 따졌지?"

대개 자려고 누웠을 때 이러한 후회나 부끄러운 기억이 떠오르는데요. 왜 그럴까요? 우리가 아무 일도 하지 않고 멍 때릴 때, 특히 자기 전처럼 외부 자극이 거의 없는 상태에서 활성화되는 뇌의 회로가 있습니다. 바로 DMN, 뇌의 '기본 모드 네트워크Default Mode Network, DMN'입니다. 이 회로는 기억, 자기 반성, 상상, 과거 경험의 재구성 등과 관련돼 있는데요. 낮에는 외부 자극이 많아서 뇌가 바쁘게 움직이며 '현재-여기 here and now'에 일어나는 일에 집중합니다. 그러다 밤에 일과가 다 끝나고 잠자리에 들어 조용해지면, 뇌는 비로소 내면을 돌아보는 모드로 전환됩니다. 이때 그날 있었던 일, 오래된 기억, 특히 감정적으로 강했던 순간들이 떠오르게 되는 것이죠. DMN은 생존에도 필요합니다. 인간은 과거를 복기하면서 '다음엔 이렇게 안 해야지.'라는 학습을 반복하거든요.

'내가 실수한 것을 되풀이하지 않아야 다음번엔 더 잘 적응할 수 있다.'
'부정적인 경험을 복기해야 비슷한 위험을 피할 수 있다.'

이런 사고방식이 있어야 살아남을 확률이 높아지겠죠. 게다가 뇌는 부정적인 감정을 더 오래 간직하는 성향이 있습니다. 부정적인 감정을 긍정적인 감정보다 더 오래, 더 강하게 저장하도록 진화했는데요. 그래야 같은 실수를 반복하지 않고 비슷한 상황을 마주했을 때 더 현명하게 지나갈 수 있을 테니까요. 그래서 사실 잠자리에 들면 부정적인 생각이 떠오르는 것이 당연한 일입니다. 한번 돌이켜보세요. 인생에서 행복해서 잠이 안 왔던 날이 며칠이나 되세요? 몇십 년을 되돌아봐도 잠을 못 이룬 날은 대부분 걱정 때문이었을 겁니다.

잠자리에 들어서 잠들기 전까지의 시간은 감정과 정보를 정리하는데 매우 중요합니다. 뇌는 낮 동안의 경험을 정리하고 분류하면서, 중요했던 일, 감정적으로 강렬했던 일, 해결되지 않은 문제 등을 하나씩 꺼내서 복습을 하죠. 문제는 뇌가 꺼내는 게 주로 불편했던 감정이라는 겁니다. 편했던 기억은 그냥 '잘 저장'되면 끝이지만, 불편했던 건 해결이 안 된 상태니까요. 이러한 이불킥의 시간은 아이에게도 필요합니다. 성인의 경우, 잠들기 전에 떠오르는 부정적인 기억이 구체적인 과거의 행동이나 실수에 대한 것인데, 미성숙한 아이들은 그것을 더 모호하고, 미분화된 상태로 경험합니다.

"뭔가 무서워…."

"왠지 찝찝하고 불안해…."

"귀신이 나올 것 같아…."

이런 식으로 나타나죠. 아이들은 이런 불안한 감정을 감당하기 어려우면 엄마에게 떠넘깁니다.

"엄마, 나 무서워. 귀신이 나올 것 같아."

"엄마, 나 재워줘!"

"엄마, 나 기분이 안 좋아. 빨리 해결해줘!"

이렇게 감정을 부모에게 전가하는 것이 습관이 되면 친구 관계에서도 비슷한 패턴이 반복됩니다. 친구와 갈등이 생겼을 때, 속상한 일이 생겼을 때, 내 뜻대로 안 될 때, 어떻게 할까요?

"엄마!"

엄마에게 해결해달라고 합니다. 학교처럼 부모가 개입할 수 없는 상황에서는, 불편한 상황을 맞닥뜨리지 않으려고 아예 위축되거나 지나치게 소극적인 태도를 보이기도 하고, 반대로 아예 제멋대로 행동해버리기도 해요. 그런데 초등학교 저학년 때는 이렇게 큰 목소리로 제멋대로 행동을 해도 좀 너그럽게 이해해줍니다. 리더십이 있다고 한다거나 자기 의견을 정확하게 말할 줄 안다거나 하는 식으로요. 하지만 떼를 쓰며 대장 놀이를 하는 것과 리더십 있는 행동을 하는 건 다릅니다. 리더십은 다른 사람을 설득하는 능력이라고도 할 수 있는데요.

"나는 보드게임이 하고 싶은데, 너는 쇼핑 놀이가 하고 싶구나. 보드게임은 우리 네 명이서 해본 적이 있으니까 이번에도 하면 더 재미있지 않을까?"

이처럼 상대의 마음에 공감하면서 말로 이해를 시키는 것이 리더십 있는 행동입니다.

"축구 안 할 거야? 안 하면 나 집에 갈 거야! 그럼 너 혼자 놀아!"

억지를 부리며 상황을 장악하려고 하는 건 리더십이 아닙니다. 모든 걸 자기 뜻대로만 하고 싶어서 떼를 쓰는 거죠. 다만 목소리가 크고 거치니까 아이들이 맞춰주는 거예요. 초등학교 저학년 때까지는 이렇게 떼쓰는 게 통할 수 있습니다.

하지만 시간이 지나면 더 이상 먹히지 않죠.

아이들이 성장하면서 친구 관계도 점점 더 복잡해집니다. 누가 누구랑 친한지, 어떤 그룹에 속해 있는지, 어느 그룹이 누구를 받아줄 것인지 등 사회적 규칙이 생겨나죠. 그리고 이때까지 분리-독립이 제대로 이루어지지 않은 아이들은 특정 그룹에 속하지 못하고 떠돌거나, 친구 관계에서 치이게 됩니다. 결국 친한 친구가 거의 없는 상태가 되기도 해요. 요즘은 학급 인원도 많지 않다 보니, 몇 개 그룹에서 배제되면, 친한 친구를 사귀기가 훨씬 어려워집니다.

잠자리를 분리하면 아이는 자기 생각과 감정을 혼자 정리하는 경험을 합니다. 누워서 잠들기까지 떠오르는 부정적인 생각들을 스스로 소화해야 하는 것이죠. 이를 통해 친구와의 갈등도 혼자 감당할 수 있고, 싫은 일이 있어도 무조건 엄마에게 달려가지 않으며 감정 조절을 할 수 있습니다. 잠자리에 누웠을 때 아이는 여러 감정을 느낄 겁니다.

"오늘 친구가 나랑 안 놀아서 속상했어."

"엄마가 놀이터에서 혼냈을 때 너무 창피했어."

"나만 발표 못 해서 부끄러웠어."

이런 감정들이 올라왔을 때, 혼자 누워 있는 아이는 처음엔 불편함을 느끼겠지만, 점차 그 감정을 스스로 다루는 법을 배웁니다. 그게 감정 조절력이고, 나중에 친구 관계, 학교 생활, 스트레스 대처 능력에서 핵심이 되는 힘이에요.

친구 관계, 즉 대인관계는 거리 조절을 어떻게 하느냐의 문제입니다. 심리학에서는 이를 사이킥 디스턴스psychic distance, 즉 정신적인 거리라고 부르기도 하는데요. 어느 정도 거리를 유지해야 친밀한 관계가 되는지, 그리고 어느 정도 선을 지켜야 부담스럽지 않은지가 대인관계의 핵심입니다. 그런데 그 기준이 어디서 만들어지느냐 하면 바로 부모와의 관계입니다.

아무리 친한 친구라도 엄마보다 더 가깝지는 않습니다. 그런데 부모와 아이 사이의 거리가 너무 가깝거나 너무 멀면 아이는 친구를 사귀는 데 어려움을 겪을 가능성이 큽니다. 예를 들어, 부모와의 거리가 너무 가깝고 독립성이 부족한 아이는 친구를 사귈 때도 과하게 들러붙으려는 경향이 생깁니다. 상대방 입장에서는 '얘는 너무 나한테 집착하는 거 아닌가?' 하면서 부담스러워질 수 있죠. 그러면 자연스럽게 거리를 두게 되는데, 그걸 아이가 거절당했다고 느끼면, 위축되거나, 상대를 미워하거나, 아예 관계를 피하는 패턴이 나타날 수 있습니다.

반면 부모와의 거리가 너무 먼 아이는 친구와도 일정한 거리를 두려 합니다. 겉으로는 잘 지내는 것 같지만 어느 순간 친밀한 관계로 발전하지 못하고 겉도는 경우가 많죠. 이런 거리 조절 능력을 말로 가르치기는 어렵습니다.

"친구한테 너무 들러붙지 마."
"너무 밀어내지 마!"
"싫은 건 싫다고 표현해야 해!"

이렇게 설명한다고 해서 관계가 저절로 조절되는 게 아니거든요. 이건 말로 배우는 게 아니라 몸으로 익히는 겁니다. 그렇다면 이 '거리 감각'이 어떻게 생길까요? 바로 적절한 좌절을 경험하면서 생깁니다. 부모가 모든 걸 다 해결해주는 환경에서는 아이가 거리 개념을 배울 수 없습니다. 무조건적인 밀착 관계(심바이오시스, Symbiotic Orbit) 안에 갇혀 있으면 어떤 상황에서 거리 조절을 해야 하는지 감각조차 키울 수 없게 됩니다. 적절한 좌절이 있어야 '모든 감정을 엄마나 아빠에게만 의존해서 해결할 수는 없구나.' '내가 관계에서 조절해야 할 부분이 있구나.' 하는 개념이 자리 잡고, 그래야 친구 관계에서도 자연스럽게 거리 조절을 할 수 있게 됩니다.

모든 관계를 부모에게 의존했던 아이가 친구 관계에서도 비슷한 방식으로 반응한다면 또래 집단에서 겉돌거나, 지나치게 의존적인 관계를 형성하게 될 확률이 높아집니다. 그래서 부모와의 거리 조절을 경험하는 것이 아이의 대인관계 형성에서 굉장히 중요한 역할을 합니다.

한 초등학교 1학년 남자아이가 있었습니다.

학교에서는 친구 관계에서 작은 갈등에도 심하게 화를 내고, 집에서는 부모에게 떼를 심하게 쓰는 모습이었습니다. 아이의 지능이나 발달 상태는 전혀 문제가 없었어요. 오히려 평균보다 높은 수준이었죠. 그런데 상담을 해보니, 아빠가 아이를 지나치게 아기처럼 대하고 있었습니다. 당연히 잠도 엄마 아빠와 한 방에서 잤고요. 부모가 아이를 아기처럼 대하니 아이 역시 아기 같은 행동을 했습니다. 예를 들어, 부모가 곁에 없는 교실에서는 감정을 조절하지 못하고, 화가 나면 소리를 지르고 물건을 던졌습니다. 감정이 폭발하는 정도가 매우 심각해서 진료실을 찾아오신 거였죠.

이야기를 차분히 듣고 나서, 저는 먼저 부모님께 아이를 너무 어린아이처럼 대하는 태도를 바꾸셔야 한다고 말씀드렸습니다. 그리고 가장 중요한 첫 단계로 잠자리 분리를 추천했습니다. 엄마는 제안을 이해했지만, 아빠는 단호하게 반대하시더군요.

"우리 애는 아직 어리고, 엄마 아빠랑 자고 싶어 해요. 더 크면 알아서 혼자서 잘 텐데, 아직 어릴 때 한 방에서 함께 자는 시간을 더 누리고 싶어요."

하지만 결국 3학년이 되자, 아이의 감정 조절 문제는 더 심각해졌습니다. 끓어오르는 분노를 참지 못하고 부엌에서 칼을 들고 나온 적도 있고, 학교에서는 화가 난다고 소화기를 던지려고 하는 상황까지 벌어졌어요. 이제야 아버님도 문제가 심상치 않다고 생각하셨는지 다시 찾아오셨습니다. 하지만 첫 마디가 이거였습니다.

"우리 아이는 아스퍼거 증후군 같아요. 다른 병원으로 갈 테니 소견서를 써주세요."

하지만 아이에게 아스퍼거 증후군으로 보이는 행동은 나타난 적이 없었습니다. 아스퍼거 증후군은 자폐 스펙트럼의 한 형태로, 지적 발달에는 문제가 없지만 사회적 의사소통과 공감에 어려움을 겪는 신경 발달 장애인데, 이 아이에게는 해당되지 않았어요. 문제는 부모의 양육 태도에 있다고 말씀드렸지만 잘 받아들이지 못하셨습니다. 이 아버님은 육아에 대한 철학이나 가치관이 확고했고 육아에도 적극적으로 참여하는 분이었는데, 양육 방식을 한번 바꿔보자는 제안이, 지금까지 해온 모든 노력을 부정당하는 것처럼 느껴졌던 것 같습니다.

　다시 한번 저는 잠자리 분리를 요청드렸습니다. 2시간 넘는 상담 이후에야 아버님도 받아들이셨고, 아이는 아이 방에서 혼자 잠을 자기 시작했습니다. 놀랍게도 잠자리 분리를 한 지 2주일이 지나자 아이의 행동이 눈에 띄게 달라졌습니다. 학교에서도 예전 같으면 화를 내며 소란을 피웠을 상황에서도 잘 참고 넘어갔고, 아이가 훨씬 차분해졌습니다. 아이는 꾸준히 상담을 받으며 초등학교 고학년까지 문제없이 잘 지냈지만, 사춘기가 시작될 무렵이 되자 상담이 중단되었습니다. 이제 문제 없이 잘 지내니 더 이상 상담을 받지 않아도 되겠다고 생각하셨던 것이죠. 저는 아이가 사춘기에 접어들면 부모와의 갈등이 심해질 수 있으니 더 지켜보아야 한다고 말씀드렸지만 이후에 그 아이를 볼 수는 없었습니다.

제가 상담을 더 진행할 것을 권한 이유는 그동안 수많은 사례를 보아왔고 경험했기 때문입니다. 사춘기에 접어든 아이는 점차 자아가 강해지며, 자신의 감정과 생각을 표현하고자 하는 욕구가 커집니다. 그러나 어린 시절부터 감정을 조절하고 해소하는 방법을 충분히 배우지 못한 아이는, 갈등 상황에서 극단적인 반응을 보이게 됩니다. 부모가 아이의 독립성과 자율성을 존중하지 않고, 지나치게 보호하거나 통제하는 방식으로 양육하면, 아이는 심리적 혼란과 양가감정 속에서 반항과 의존 사이를 오가게 되는 것이죠.

겉보기에 그 아이와 아빠의 관계는 깊은 애착처럼 보였습니다. 하지만 들여다보면, 그 애착은 아이의 자율성과 개별성을 억누르는 방식으로 작동하고 있었고, 시간이 흐를수록 정서적 불안과 갈등을 키우는 구조였습니다. 중학교에 들어가면 새로운 변화가 찾아옵니다. 학교 환경은 초등학교보다 훨씬 복잡하고, 또래 집단 안에서 새로운 관계 맺기를 시도하고 스스로의 입지를 찾아야 합니다. 이제는 친구들과의 갈등도, 낯선 과목과 교사의 분위기도, 혼자 감당해야 할 몫이 되죠.

초등학교 때까지만 해도 부모의 즉각적인 개입 이 가능했지만, 청소년기로 접어들면서는 혼자 문제를 해결 해야 할 일이 훨씬 많아집니다.

다행히 감정 조절에 대한 상담을 받았던 터라 친구들과의 표면적인 갈등은 줄겠지만, 마음속 긴장과 불안은 해소되지 않은 채 생활을 해나가야 할 겁니다. 감정 조절 능력이 충분히 발달하지 않은 아이는 청소년기에 접어들면서 학교 생활에 대한 무기력, 잦은 짜증, 극단적인 감정 폭발 등으로 힘들어하게 됩니다.

사춘기의 복잡한 감정과 정체감의 혼란은, 어릴 적부터 이어져온 미분리된 애착의 흔적을 더욱 선명하게 드러냅니다. 그런 경우 결국 고등학교 진학을 앞두고 다시 상담실을 찾아오게 되는데 그때는 다른 증상이 더해집니다. 수면장애를 호소하고, 학교에서도 감정 기복이 심하고, 무기력에 빠지는 것인데요.

잠자리 분리는 단순한 공간적 독립이 아니라 아이가 부모로부터 심리적으로도 한 걸음 떨어져 자신만의 정체성과 감정 세계를 형성하도록 돕는 과정의 시작입니다. 부모가 환경을 만들어주어야 아이가 정서적으로 건강하게 성장할 수 있는 기반을 마련하게 됩니다.

적정한
바운더리
정해주기

잠자리 분리 다음으로 제시하는 방법은 '바운더리(경계) 설정하기'입니다. 분리-독립 과정의 4단계 중 가장 중요한 단계가 라프로치먼트인데요. 사실 다른 발달 단계들은 어느 정도 상식적으로 이해할 수 있는데, 라프로치먼트는 개념이 생소하다 보니 부모님들이 어려워하는 경우가 많습니다. 그래서 실제 사례를 하나 들어 설명해보려고 합니다.

부모의 감정은
아이에게 전해진다

어느 날 부모님이 아이를 데리고 상담을 오셨습니다. 아이가 "내 손가락을 가위로 자르고 싶어."라는 말을 하루 종일 반복한다는 거예요. 그런 상황이 2주 넘게 지속되니까 부모님도 걱정이 이만저만이 아니었겠죠. 가족의 생활 패턴을 자세히 상담해보니 아빠의 불안도가 아주 높았습니다. 불안도가 높은 아빠는 위험한 일이 일어나기 전에 아예 그런 상황 자체를 없애버리고 상황을 통제하고 싶어 했습니다. 예를 들어, 주방에서 국을 끓이고 있는데 아이가 주방 쪽을 보기만 해도 아빠는 "거기 가지 마!" 하고 큰소리를 질렀습니다. 아이가 다가가면 더 심하게 화를 냈고, 엄마가 모르고 놔두기라도 하면 엄마를 비난했습니다.

라프로치먼트 단계에서는 어느 정도 위험할 수 있는 상황은 감수할 수밖에 없습니다. 아빠가 생각하는 바운더리가 있다면 그 바운더리 근처까지 가는 것은 허용해야 합니다. 그런데 그게 어디까지인지를 정확하게 수치로 말할 수는 없어요. 각 가정마다 환경이 다르고, 사람마다 기질이 다 다르기 때문에 자신의 환경에 맞게 시도해보면서 답을 찾아나가야 합니다. 무엇보다 아이는 계속 성장하기 때문에 그에 맞는 방법을 찾아야 합니다.

사실 불안도가 높은 부모는 생각보다 많은데요. 이런 환경에서 자란 아이는 위험이라는 개념에 너무 집착하게 됩니다. 부모가 강조할수록 "절대 위험한 것에 노출되면 안 돼."라는 신호를 받으니까요. 결국 머릿속엔 온통 '위험한 상황'밖에 떠오르지 않게 됩니다. "지금부터 코끼리는 절대 생각하지 마."라고 했을 때 계속 코끼리만 생각하게 되는 것과 비슷해요. 결국 위험에 대해서만 생각하게 된 아이는 그 불안을 스스로 시뮬레이션하기 시작합니다.

"가위로 내 손가락을 잘라야겠어."

이 말을 반복하는 것으로요. 그 시기에 다양한 경험에 노출

되어야 될 아이가 스스로 위축되어서 위험을 회피하는 것에 너무 집착하게 되니까 이런 행동이 나오게 되었던 것인데요. 성인들도 불안하면 옷매무새를 다듬거나, 머리를 만지거나, 다리를 떨기도 하면서 반복적인 행동을 하는데요. 반복 행동은 불안을 다스리는 대표적인 방법입니다. 이런 행동들은 모두 나름의 자기 조절 방식입니다. 이 어린아이는 말로 그 불안을 해소했던 것이죠. 이런 경우, 아이의 불안을 해결하려면 부모님이 먼저 자신의 불안을 조절할 필요가 있습니다. 그래서 아빠에게 조언을 드렸어요.

"아이가 약간 위험해 보이는 상황이라도 일단 기다려보세요. 화내지 말고요."

아빠에게는 매우 힘든 일이었을 겁니다. 불안이 올라오는데 참고 버텨야 했으니까요. 하지만 아빠가 잘 견뎌주었고 2~3주 후, 아이는 더 이상 손가락을 자르고 싶다는 말을 하지 않게 되었습니다. 아빠가 불안해하지 않으니 아이도 더 이상 그 말을 반복할 필요가 없어진 거죠. 사실 이 경우, 아이에게 문제가 있던 게 아니라 아빠의 불안을 아이가 해결해주고 있었던 것이라고 볼 수 있습니다.

엄마의 불안도가 높을 경우에는 양상이 조금 다르게 나타납니다. 아빠는 주로 엄마를 비난하는 방식으로 불안을 표출하지만, 엄마는 불안이 심하면 양육 자체를 회피하려는 경향이 있습니다.

"내가 키우다 보면 분명 위험한 일이 생길 거야. 차라리 다른 사람이 맡아주는 게 낫겠어."

그래서 할머니, 외할머니, 보모 등에게 양육을 맡기는 일이 많아집니다. 라프로치먼트 단계를 회피하는 것이죠. 라프로치먼트도 육아에서 거쳐야 할 단계이고 어쨌든 넘어가게 되어 있는데 그걸 원천봉쇄하거나 완전히 회피해버리면 아이는 성장 과정에서 또 다른 어려움을 겪게 될 수도 있습니다.

이 아이는 그래도 자기 감정을 "손가락을 자르고 싶어."라고 말로 표현했어요. 이건 오히려 긍정적인 면도 있습니다. 자신의 불안을 언어로 표현할 수 있다는 건 굉장한 능력이거든요. 이런 경우는 차라리 해결하기가 쉬운 편이에요. 대개는 떼쓰거나, 밥을 안 먹거나, 자주 아프거나 하는 식으로 표현하는데요. 이런 신호들은 인과관계를 바로 알아채기 어렵기 때문에 문제를 파악하기가 더 어렵습니다.

더 큰 문제는, 이런 불안이 해소되지 않고 쌓이면 초등학교 입학 무렵 한 번에 터질 수 있다는 점입니다. 부모에게 욕을 하거나, 감정 조절이 되지 않아 울거나 소리를 지르며 심각하게 분노를 표출하는 경우가 그것입니다. 오랜 시간 동안 억눌려온 감정이 한꺼번에 터지는 겁니다.

라프로치먼트 단계는 피할 수 없는 성장의 과정입니다. 이 시기에 약간의 위험을 감수하면서 아이가 세상과 자기를 조율해보는 경험을 반드시 해야 합니다. 부모가 불안하다고 그 과정을 원천봉쇄하거나 회피하게 되면, 아이는 정서적 자율성과 자기 조절 능력을 키울 기회를 잃게 됩니다.

그런데 이것도 이때 발견하게 되었다면 차라리 나은 편입니다. 물론 아이가 욕을 했는데 잘했다고 할 순 없죠. 그러면 안 된다고 훈육을 하되 부모는 왜 이런 일이 벌어졌는지 돌아볼 필요가 있다는 이야기입니다. 여기서 그냥 넘어가게 되면 앞서 말씀드렸던 것처럼 아이가 집 안으로 가출을 하거나 친구 관계에서 어려움을 겪는 일이 생길 수 있습니다.

아이의 문제는 때로, 아이의 문제가 아닐 수 있습니다. 그리고 아이는 어쩌면 그걸 말하고 있었을지도 모릅니다.

당신 마음속
아이는
몇 살입니까

과거 대가족 사회에서는 부모가 여러 명의 자녀를 키워야 했고, 한 명 한 명과 충분한 정서적 교류를 나누기가 쉽지 않았습니다. 그래서 아버지는 엄격한 원칙을 세우고 어머니는 따뜻하게 위로하며 균형을 맞추는 '엄부자모嚴父慈母' 방식이 어느 정도 유효했죠. 하지만 요즘은 한두 명의 아이를 양육하는 시대입니다. 이제는 부모가 공감대를 형성하고 일관성 있는 태도를 유지하는 것이 훨씬 더 중요해졌습니다.

부모가 서로 충분히 대화를 나누고 가정의 규칙을 정한 후, 이를 일관되게 유지하는 것이 아이의 심리적 안정과 건강한 성장에 도움이 됩니다. 예를 들어, 스마트폰 사용 시간을 두고 고민할 때, 엄격한 제한을 둘지, 자율적으로 맡길지보다 더 중요한 것은 양육자인 엄마 아빠가 논의하고 합의하는 과정입니다. 만약 엄마는 스마트폰을 하루에 30분만 사용하라고 했는데 아빠가 "그냥 알아서 하게 둬."라고 허용하면, 아이는 부모의 일관성 부족을 눈치채고 떼를 쓰거나 규칙을 무시하려 들게 마련입니다. 떼를 써서 시끄럽게 만들면 귀찮아진 아빠가 와서 풀어주는 식이 되어서는 안 됩니다. 이렇게 되면 부모가 단기적으로는 편할지 몰라도 장기적으로는 아이의 자기 조절 능력을 길러주지 못하는 결과를 낳게 됩니다.

부모가 일관되지 않은 태도를 보이면 아이는 주목받기 위해 문제를 일으키는 패턴을 학습할 수 있습니다. 따라서 부모가 한목소리를 내고 규칙을 일관되게 지키는 것이 매우 중요하죠. 특히, 스마트폰 사용 문제에서는 기존의 통제 방식이 효과가 떨어지는 경우가 많습니다. 스크린 타임이나 자녀보호 기능으로 사용 시간이나 게임 앱을 제한해도 아이들은 이를 우회할 창의적인 방법을 금방 찾아냅니다. 비밀번호도 어렵지 않게 풀고요. 스마트폰을 압수해버리면 공기계를 삽니다. 수요가 있으면 공급이 있게 마련이라 학교에서 공기계를 파는 애들이 있어요. 공기계만 있으면 집에 와이파이가 되니 부모가 잠든 사이 기기를 몰래 사용하는 식이죠. 통제는 아이의 잔머리만 키워주는 작용을 할 뿐 아이의 건강한 심리 발달에는 도움을 주기 어렵습니다. 연구에 따르면, 엄격한 통제보다 자율성을 부여하는 것이 장기적으로 더 긍정적인 결과를 낳습니다. 부모가 아이에게 일정한 자유를 주고, 그로 인한 결과를 스스로 책임지도록 할 때 자기 조절 능력이 더 잘 발달한다는 연구 결과도 있습니다.

이와 관련해, 네덜란드 암스테르담에서 실제로 있었던 인상 깊은 사례가 있습니다. 서울보다도 훨씬 작은 이 도시는 수많은 운하로 인해 공간이 부족합니다. 그래서 암스테르담 사람들은 운하 둑의 경사진 부분에 주차하는 경우가 많습니다. 제가 학회 참석 차 암스테르담에 방문했을 때, 도심을 지나가다 보니 기중기로 운하에서 자전거를 꺼내고 있더군요. 신기해서 근처에 있던 시민에게 "왜 자전거를 꺼내고 있나요?"라고 물었더니 "운하에 자전거가 자주 빠져요. 지금은 자전거지만 얼마 전까지만 해도 자동차를 꺼내는 일이 흔했어요."라고 하더군요.

사람들이 둑에 주차를 하다 보니 실수로 자동차가 운하에 빠지는 일이 너무 자주 일어나서 도시의 큰 골칫거리였습니다. 그럴 때마다 기중기로 차를 꺼내는 일이 일상적인 풍경이었죠. 그런데 제가 학회에 가기 1년 반 전쯤 새 시장이 당선되면서 둑에 설치된 철책을 모두 철거했다고 합니다. 원래는 차량이 물에 빠지지 않도록 철책을 설치했었는데 시장이 바뀌면서 이를 모두 없앤 것이죠. 당시에는 많은 사람들이 반대했다고 합니다. 하지만 놀랍게도 그 이후부터는 자동차가 운하에 빠지는 일이 거의 없어졌습니다. 철책이 있을 때는 사람들이 방심했지만 철책이 사라지자 스스로 조심하게 되었습니다. 사람들은 더 이상 철책에 의존하지 않고 스스로 조심해야 한다는 책임감을 가지게 된 것이죠.

이는 심리학의 '내재적 동기 형성' 개념과도 연결됩니다. 즉, 강제적인 규제보다 자율성과 책임을 부여할 때, 사람들이 더 신중하고 책임감 있게 행동한다는 것이죠. 이 원리는 자녀 교육에도 그대로 적용할 수 있습니다. 부모가 아이에게 모든 행동을 통제하는 대신, 적절한 자유와 책임을 주면 아이는 점차 자신의 행동이 어떤 결과를 가져오는지 고민하게 됩니다. 반면, 부모가 지속적으로 제한을 두고 감시하면, 아이는 '어차피 부모님이 어떻게든 해결해줄 거야.'라는 생각을 하게 되죠. 그러나 책임이 온전히 자신에게 있다는 걸 깨닫는 순간, 아이는 스스로 행동을 조절할 힘을 가지게 됩니다.

많은 부모님이 화가 날 때 하는 대사가 있습니다.

"네 나이면 이 정도는 알아서 해야지! 왜 또 엄마가 해줘야 하니?"

이때 '알아서 해야 할 일'의 책임은 누구에게 있는 건가요? 자신이 해야 할 일에 대해 부모가 계속해서 들여다보고 확인하면, 아이 입장에서는 '아, 아직 엄마 아빠가 내 문제를 해결해주려고 하는구나.'라고 생각할 수 있습니다. 중요한 건 '지금 이 상황에서 책임을 지고 있는 사람이 누구인가?'입니다. 현재 엄마가 책임을 지고 있기 때문에 엄마가 급하고, 화가 나고, 조급해지는 거죠. 아이에게 책임을 지게 하고 이 문제는 자신이 해결해야만 한다는 걸 깨닫게 해주어야 합니다. 그러면 엄마가 화가 날 일이 없습니다. 아이 입장에서는 엄마가 평소 같으면 화를 냈을 상황인데도 화를 내지 않는다면, 그제야 스스로 이 상황을 돌아보기 시작할 거예요. 철책을 걷어낸 순간부터 아이는 자신의 행동을 책임져야 합니다.

만약 부모님이 항상 화를 낸 후에야 문제가 해결되는 패턴에 익숙해진 상태라면, 아이는 그때까지 스스로 해결하지 않으려 할 겁니다. 반대로, 분명 잔소리를 하거나 화를 낼 상황인데 차분히 반응하면, 아이도 더 객관적으로 상황을 바라볼 수 있는 기회를 갖게 됩니다. 처음에는 부모님이 의도적으로

화날 상황을 만들지 않으려고 해도, 아이가 부모님의 반응을 시험해볼 거예요. '엄마가 이번에도 화를 낼까? 안 낼까?' 하고 몇 번 두드려보고 반응을 살필 겁니다. 그런데도 부모님이 일관되게 차분한 태도를 유지하면 아이도 '이전과는 다르네? 뭔가 변했나?' 하고 스스로 깨닫게 됩니다. 그렇게 하면 자연스럽게 다음 단계로 나아갈 수 있게 되죠.

잔소리는 아이의 심리 발달에 방해 요소가 될 수 있습니다. 여전히 책임이 부모에게 있다는 시그널을 줄 뿐입니다. 잔소리는 '이건 내 책임인데, 내가 해결해야 하는데, 계속 들고 있으려니 힘들다.'는 부모의 생각에서 비롯된 것일 수 있어요.

물론 한 번에 모든 책임을 넘겨줄 수는 없습니다. 아주 어릴 때부터 조금씩, 단계에 맞춰 영역을 확장시켜주고, 책임을 늘려가는 과정이 필요해요. 그렇게 천천히 시작하면 됩니다. 적절한 좌절이라는 것은 아이의 개인적인 영역을 점진적으로 확장하는 과정이에요. 부모님이 해주던 부분을 조금씩 아이에게 맡기는 것이죠. 적절한 좌절을 경험한 만큼, 엄마의 책임이었던 것이 아이의 영역으로 옮겨가고 아이도 자신의 책임을 인식하게 됩니다. 그렇게 아이는 자신만의 세계를 만들어갑니다.

사람들은 대부분 자신을 자신의 어린 시절 모습으로 대우하면 기분이 좋지 않아집니다. 예수님도 온 세상에 말씀을 전하셨지만, 고향에는 가지 않으셨다고 합니다. 공자님도 고향에 가셨을 때, 사람들에게 "공자님 오셨습니까?"라고 존중받은 것이 아니라 "어이, 짱구 왔느냐?" 같은 반응을 들었다고 해요. 성장한 자신의 모습이 아닌, 어린 시절의 모습으로 대우받으면 누구나 불편함을 느끼게 되는 것이죠. 마찬가지로 아이를 사랑하는 것과 아이를 아기로 대하는 것은 다릅니다. 혼자서는 아무것도 할 수 없는 아기가 아니니 책임 있는 행동을 하도록 존중해주시면 됩니다.

아빠의 역할

적절한 좌절 개념에서 반드시 기억하셔야 할 것은, 분리-독립 과정이 부드럽게 계속 이어지면서 진행되는 과정이라는 것입니다. 아기가 태어난 순간부터 양육에 관한 부모 자녀 관계가 연속성으로 이어지는 것이 굉장히 중요합니다.

요즘엔 많은 아빠들이 아기가 태어났을 때부터 육아에 기꺼이 동참하지만, 여전히 아기와 함께 시간을 보내지 못하고 엄마에게 양육을 거의 맡기는 경우가 있습니다. 그러다가 아이가 네다섯 살쯤 되어 의사소통이 가능해지면 그때 양육에 참여하게 되는데, 그런 경우엔 바운더리 설정이 문제가 될 수 있습니다. 그동안 엄마가 양육하면서 만들어두었던 규칙이 있었을 텐데, 그걸 모르고 있다가 다른 규칙을 만들어버리면 아이에게 혼란이 생기겠죠.

아이와 엄마는 어릴 때부터 지속적으로 상호작용하며 관계를 형성해나가고, 아빠가 양육에 참여하지 않은 상태에서 오로지 엄마와 일대일 관계만 유지되면, 아이가 성장하면서 엄마가 감당하기 어려운 부분이 생깁니다. 특히 학교에 갈 무렵이 되면, 물리적으로나 발달 단계적으로 아빠의 역할이 필요한데, 그 역할이 부재한 상태에서는 엄마 혼자 모든 것을 감당하기가 어려워 한계에 부딪히게 됩니다. 아이가 초등학교 고학년이나 청소년기에 접어들 때, 아빠가 뒤늦게 양육에 참여하면 상황이 더 복잡해집니다. 이때 아빠가 가장 먼저 하는 행동은 아이를 혼내는 것이에요.

"너 왜 엄마한테 버릇없이 굴어? 이건 아빠도 못 참아!"

지금까지 엄마와 일대일 관계만을 경험했는데, 어느 날 갑자기 등장한 아빠가 권위를 행사하고 자신을 비판하는 것은 아이에게 혼란을 줄 수밖에 없습니다.

부모와 자녀 간의 건강한 관계는 점진적으로 거리가 형성되어 가면서, 다자 관계 속에서 스스로의 영역을 찾아가야 이루어집니다. 일대일 관계가 아니라 다자 관계가 되어야 해요. 그런데 아빠가 장기간 양육에 무관심했다가 청소년기에 이르러 갑자기 개입하면 갈등이 커질 가능성이 큽니다. 청소년 드라마에서 종종 등장하는 대사를 들을 일도 생깁니다.

"아빠가 지금까지 나한테 해준 게 뭐 있다고, 이제 와서 나를 혼내요?"

이런 마음이 들 수 있다는 것이죠. 객관적으로 보면, 아빠는 가족을 부양하며 힘들게 일해왔고, 그 덕분에 아이가 먹고 자랄 수 있었으니 해준 게 분명 있지만, 아이의 심리 발달 과정에서 보면 그 말이 이해되지 않는 것은 아닙니다. 관계 형성의 관점에서 볼 때, 아빠는 늘 존재했지만, 아이와 독립된 개별적인 관계를 형성한 적이 없었습니다. 그런데 이제 와서 갑자기 개입하면, 아이 입장에서는 '나와 상관없는 사람이 나와 엄마의 관계에 갑자기 난입해 내 행동을 지적하는 것'처럼 느껴지는 것이죠.

바운더리가 형성되려면 자연스럽게 다자 관계가 확립되어야 합니다. 그래야 아이가 자신의 영역을 인식하고, 자기 책임감을 키울 수 있으며, 흔히 말하는 자기주도 학습도 가능해집니다. 자기주도성을 가지려면 아빠의 지속적인 관심과 개입이 필수적입니다. 아이를 명문대에 보내기 위해선 아빠의 무관심이 성공 요소라는 말은 어불성설입니다. 물론 아빠가 무관심했어도 스스로 해내는 아이가 있지만, 기본적인 방향에서 볼 때, 아빠의 무관심이 학습 태도에 영향을 미치고 있다면 자기주도 학습이 아닐 가능성이 높습니다. 엄마와 아빠가 함께 일관된 양육을 통해 아이가 자아를 형성할 수 있도록 도와야 합니다.

이렇게 형성된 관계 속에서 아이는 잠복기와 청소년기를 거쳐 성인으로 성장해 나갑니다. 그리고 자아가 충분히 형성된 이후에는 부모의 역할이 점차 줄어들고, 아이는 내면을 탐색하는 시기를 맞이하게 됩니다. 이 과정이 지나면 양육이 한결 덜 힘들어질 거예요. 그 과정이 건강하게 이루어지려면 아이가 어릴 때부터 부모가 지속적으로 관심을 가지고 다자 관계 속에서 균형 있는 역할을 해주는 것이 중요합니다.

부모와 아이의
관계는
항상 변한다

옛말에 틀린 게 없다지만, 소아정신과 의사로 일하면서 싫어하게 된 속담이 있습니다.

"세 살 버릇 여든까지 간다."

인간은 고정된 존재가 아니라 성장하면서 환경에 따라 계속 바뀝니다. 이는 연구 결과도 증명하는 사실이지만 제가 직접 상담하면서 뼈저리게 공감하고 있기도 합니다. 옛날에는 부모가 설정해둔 틀 안에서 아이가 자라면 '그게 그대로 평생 간다'는 인식이 있었습니다. 하지만 라프로치먼트 단계에서는 그렇지 않습니다. 부모가 설정한 경계가 있을 때, 아이는 그 경계에 아슬아슬하게 도달하거나, 혹은 살짝 넘어갑니다. 그러면 부모가 다시 원점(베이스 캠프)으로 데려오죠.

'여기까지 가볼까? 이런 행동은 해도 될까?'

'아, 갔다 왔더니 괜찮은데? 그럼 다음엔 좀 더 멀리 가볼까?'

이렇게 왔다 갔다하면서 아이는 자신의 영역을 확장하는 경험을 하게 됩니다. 그리고 중요한 건, 이게 단순히 확장의 경험이 아니라 유연성flexibility을 키우는 과정이라는 거죠. 상황과 발달 단계에 따라 관계는 계속 변해야 합니다. 이 개념을 충분히 익히지 못하면 친구 관계에서 가장 먼저 난관에 부딪힙니다.

분리-독립이 충분히 이루어지지 않은 채 초등학교에 입학하면 친구 관계에서 어려움이 나타나는데요. 갈등을 겪는 아이의 유형은 대략 세 가지로 분류할 수 있습니다.

1. 골목대장형

좋게 말하면 '리더십 있는 아이'입니다. 솔직히 말하면 '자기 하고 싶은 대로 다 해야 직성이 풀리는 아이'입니다. 이 유형의 아이들은 또래 안에서 자연스럽게 중심에 서고 싶어 하며, 놀이든 게임이든 '내가 주도해야 한다!'는 강한 욕구를 지니고 있습니다. 처음엔 그 에너지가 긍정적으로 보일 수도 있습니다. 누군가는 중심을 잡고 이끄는 역할이 필요하니까요. 그런데 놀이를 시작하자마자 자기 방식대로 규칙을 정하고, 이기고 있다가 불리해지면 룰을 갑자기 바꾸고, 마음이 상하면 게임 자체를 엎어버립니다. 자기가 지거나 지루해지는 순간, 놀이의 흐름을 끝내거나 방향을 틀어버리는 거죠. 초등학교 저학년까지는 이런 방식이 어느 정도 통합니다. 다른 아이들도 아직 사회적 기술이나 관계의 원리를 잘 모르기 때문입니다. 아이들 대부분이 '친구와 놀고 싶다'는 욕구가 커서 불공평하다는 생각이 들어도 그냥 참거나 맞춰주죠. 하지만 초등학교 고학년(잠복기)에 접어들면 상황은 달라집니다. 아이들의 사회적 인식이 높아지고, 서로 간의 관계에 대한 기준이 생기기 시작하죠. 이때부터 아이들은 누가 나를 존중해주는지, 함께 놀았을 때 즐거운지, 서로의 생각을 들어주는 친구인지를 스스로 판단하기 시작합니다. 그래서 예전처럼 자기 멋대로 굴던 아이에게는 점점 친구들이 등을 돌리게 됩니다..

"야, 너 왜 네 마음대로 바꿔?"
"우리끼리 하자. 쟤랑 하면 재미없어."

그리고 초등학교 고학년부터는 친구 관계가 개인 대 개인에서 그룹 대 그룹으로 바뀝니다.

"나랑 친해지고 싶어?"
⇨ "내 그룹 애들도 괜찮다고 해야 같이 놀 수 있어."

골목대장형 아이들은 자기 고집을 꺾지 않는 한 그룹에 낄수가 없습니다. 특히 요즘은 학급당 학생 수가 많지 않아서 한두 그룹에서 밀려나면 친구 관계 자체가 힘들어질 수 있습니다.

2. 다 맞춰주는 유형

좋게 말하면 '배려심 많은 아이', 솔직히 말하면 '너무 착해서 자기 주장이 없는 아이'입니다. 이런 아이들은 초등학교 저학년까지는 선생님과 친구들에게 늘 좋은 평가를 받습니다. 예의 바르고 말 잘 듣고 갈등도 일으키지 않으니까요. 하지만 이 아이들은 종종 속으로는 무언가 억울하거나 힘든 감정을 품고 있어도 그걸 표현하지 못한 채 꾹 참습니다. 친구가 마음에 들지 않는 장난을 해도 웃으며 넘기고, 하고 싶은 게 있어도 먼저 나서지 못하죠.

"쟤 진짜 착하다!"

"항상 양보하고, 배려도 잘해!"

하지만 '배려심'과 '바운더리 없음'은 다릅니다.

- 배려심 있는 아이
    ⇨ "내가 손해를 보더라도, 상대방을 위해 양보할 수 있어!"
- 바운더리가 없는 아이
    ⇨ "무조건 남들에게 맞춰야 해. 내 의견은 없어도 돼."

이렇게 자라면 아이는 엄청난 스트레스를 받습니다. 학교에서는 착한 아이지만, 집에서는 짜증을 내고 엄마에게 화풀이합니다. 그리고 초등학교 고학년이 되면 '다 맞춰주는 것'이 한계에 부딪힙니다. 여기서는 A의 의견을 따라주고, 저기서는 B의 의견을 따라주다가, 결국 양쪽에서 다 지쳐버리는 거죠. 그러면서 또래 관계에서 치이는 경험을 하게 됩니다.

"이 친구들 사이에서는 잘 맞춰줬는데, 저쪽 그룹 애들이 싫어하면 어떡하지?"

"나만 힘든 거 같은데, 어디서도 환영받지 못하는 느낌이야."

자기 주장을 하지 못하는 아이들은 초등학교 고학년이 되면서 감정적 소모가 점점 더 커지게 됩니다.

3. 편가르기형

마지막으로 가장 심각한 유형인데 '친구 관계를 내 편과 네 편으로 나누는 아이'입니다. 이 아이들은 친구 사이에도 선을 긋고 줄을 세우며, 관계를 하나의 고정된 구조로 이해하려는 경향이 강합니다. 이런 식의 사고는 자연스러운 또래 관계의 흐름을 차단하고, 아이들 사이에 불필요한 경쟁과 긴장을 만들어냅니다. 자신이 정한 기준에 따라 친구들을 분류하고, 마음에 들지 않거나 자기 말을 듣지 않는 친구는 곧바로 '배신자'나 '적'으로 규정해버리기도 하죠.

"쟤는 내 친구야, 절대 변하면 안 돼!"

"쟤는 내 편이었는데, 언제 저 애랑 친해졌지?"

초등학교 고학년이 되면, 친구 관계는 훨씬 더 유동적이고 복잡해집니다. 나랑 친했던 친구가 다른 애랑 더 친해지면 배신감을 느끼고, 친구를 빼앗긴 것 같은 상실감도 느낍니다. 이 갈등이 심해지면 왕따, 따돌림 문제로 이어질 수도 있어요. 사실 요즘 초등학교에서 가장 문제되는 것 중 하나가 학교 폭력입니다. 과거처럼 물리적 폭력보다는 따돌림 같은 심리적인 괴롭힘이 훨씬 많습니다. 무리에서 배제하는 방식으로 상처를 주는 것이죠. 그런데 이런 문제들이 왜 더 심각해졌을까요? 과거에도 따돌림이 없었던 건 아니지만, 분리-독립이 이루어지지 않은 아이들이 늘어나면서 사회적인 관계에서 더 큰 어려움을 겪게 된 것입니다. 또래 관계에서 자신의 감정을 효과적으로 표현하거나 스스로 갈등을 해결하지 못하는 아이들이 점점 더 늘어나고 있습니다. 결국 아이가 관계 안에서 건강하게 성장하려면, 부모와 자녀 간의 관계가 먼저 안정적으로 형성되어야 합니다

아빠가
반드시
해야 할 일

엄마와 아빠의 역할에서, 아빠가 제자리를 찾기만 해도 부모와 아이의 관계가 자연스럽게 정리됩니다. 예를 들어, 잠자리 분리가 되지 않은 덩치 큰 중학생 아이가 있다고 생각해보죠. 이때 아빠는 이런 생각을 할 겁니다.

'아니, 이렇게 큰 아이가 안방을 차지하면, 나는 이 가족에

서 대체 어떤 위치에 있는 거지?'

이런 생각이 들기만 해도 가족 내에서 조율 과정이 생깁니다. 문제는 그 조율이 이뤄지지 않고, 다들 조용히 덮어버린다는 것이죠. 아이도 알고, 엄마도 알지만, 그냥 모르는 척하는 겁니다. 그래서 아빠가 자기 자리를 찾는 게 중요합니다. 그런데 아빠가 자기 위치를 찾으려면 어떻게 해야 할까요?

'아빠는 무섭게, 엄마는 자애롭게', 즉 엄부자모라는 말도 요즘 시대에는 안 맞는 표현이죠. 과거 한 집에 아이가 대여섯 명씩 있던 시절에는 자녀를 효율적으로 훈육하기 위해 아버지가 엄격한 규율을 담당하고 어머니가 정서적 지지를 제공하는 '엄부자모' 방식이 유용했습니다. 지금 대한민국은 출산율 0.7명의 시대입니다. 한두 명밖에 없는 아이를 예전 방식대로 키우면, 아이들은 오히려 줄타기를 하게 됩니다. 아빠한테는 이렇게 말하고, 엄마한테는 저렇게 말하는 식이죠. 부모의 입장 차이를 이용하게 되죠. 결국 부모가 공통의 토대를 마련하고, 일관된 양육 방식을 유지하는 것이 중요합니다. 그렇게 하면 아이가 자연스럽게 부모와의 건강한 거리를 형성하게 됩니다.

진료실에서 만나는 아빠들이 보이는 특징이 있는데요. 아이에게 너무 엄격하거나 너무 아기처럼 대하거나 혹은 두 가지 모두의 모습을 다 갖고 있는 것이었습니다. 그 경우 양육 방식에 변화를 제안하면, "그럼 결국 제가 잘못했다는 건가요?"라고 묻습니다. 이 질문을 하시는 분들은 대부분 '누가 잘못했는지'에 민감한데, 상담에서 중요한 건 책임 소재가 아니라, 아이가 어떻게 건강하게 성장할 것인가입니다. 엄마, 아빠, 아이, 이 셋 중에 누가 잘못했는지 따져서 뭐가 달라지겠습니까? 지금부터 어떻게 하면 더 나아질 수 있을지를 고민하는 게 훨씬 생산적이겠죠. 또는 이렇게 오해하시는 경우도 많습니다.

"아이가 어떻게 행동하든지 간섭하지 말라는 뜻인가요?"
"그럼 내 권리인 '훈육'을 포기해야 한다는 건가요?"

이 말이 담고 있는 메시지는 '내가 아이를 야단치는 것은 나의 권리'라는 것입니다. 그런데 아이가 행동하는 것은 아이의 영역이에요. 양육자의 권리라고 생각하고 아이의 영역을 침범하면 안 됩니다. 진료실에서 만났던 '우리 아이는 아스퍼거 증후군'이라고 했던 그 아빠는 아이의 영역을 자기의 영역이라고 생각했기 때문에 누군가 지적을 하자 '자기 영역을 침범당했다'고 느껴서 화가 났던 겁니다.

아이의 행동은 아이의 영역이라는 것을 보여주는 근거가 있습니다. 아이가 어떤 행동을 했을 때 평소 같았으면 화가 폭발했을 텐데 아빠가 잘 참았다고 해봅시다. 아이는 그걸 알아차릴까요? 원래 내 것이었던 것을 '빼앗아 가지 않는다'고 해서 고마움을 느끼지는 않습니다. 아이의 입장에서는 원래 내 것이었던 것 중의 일부를 내 것이라고 인정받는 것만으로는 충분하지 않으니까요. 아이의 감정과 행동에도 그들만의 영역이 있다는 것을 인정해주어야 합니다.

아이의 영역을 침범하지 않는 쉽고 간편한 방법이 있습니다. 집에서 행동하실 때, 자녀를 남자 어른 혹은 여자 어른이라고 생각하십시오. 그러면 어떤 태도로 행동해야겠습니까?

- 아이의 방에 들어갈 때 노크하기
- 스킨십도 어느 정도 거리 두기

이게 처음에는 어려울 수도 있습니다. 이처럼 양육 태도를 살짝 바꾸는 것은 아빠의 권한을 포기하는 게 아니라 건강한 가족 관계를 형성하는 과정입니다. 그리고 이때 가장 큰 혜택을 받는 사람은 누구일까요? 바로 아빠 본인입니다. 이걸 받아들이고 변화를 실천한 아빠들은 50대 이후 삶의 질이 완전히 달라졌다고 이야기합니다.

아빠의 무관심이 성공 요소?

대치동식 교육에서 하나의 격언처럼 내려오는 말이 있습니다. 아이의 학습 성취를 결정하는 세 가지 요소가 있는데, 바로 '엄마의 정보력, 할아버지의 경제력, 아빠의 무관심'이라는 겁니다. 이 중 '아빠의 무관심'이라는 말이 의미하는 바가 뭘까요? 이를 이해하려면 말러의 분리-독립 과정의 관점에서 다시 살펴보아야 하는데요. 분리-독립 과정이란 '나, 엄마, 아빠'라는 세 사람이 단순한 일대일 관계를 넘어 다자 관계를 형성하는 과정이라고 했습니다.

분리-독립 이전에는 오직 일대일 관계만 존재합니다. '엄마와 나', '아빠와 나'만 있을 뿐, 엄마와 아빠가 어떤 관계인지에 대한 개념이 없죠. 분리-독립이 이루어지지 않으면, 아이와 엄마의 관계는 더욱 밀착된 채 유지됩니다. 대치동에서 말하는 '아빠의 무관심'이란, 사실 아빠를 배제하는 것과 다름없습니다. 아빠가 의견을 내고, 가정에서 존재감을 가지면, 아이도 자연스럽게 '나는 엄마와는 다른 개별적인 존재'라는 감각을 갖게 됩니다. 아이가 자아가 생기고 자신의 의견이 생기게 되죠. 그런데 이런 변화를 두려워하는 엄마들이 있습니다.

"아이가 유치원을 졸업하면 자아가 생기니까 말을 안 들어요. 그러니까 유치원 때부터 확실히 잡아서 대입까지 끌고 가야 해요."

이런 말을 실제로 하는 분들이 있습니다. 첫째를 키워보니 이런 흐름을 깨닫고, 둘째는 더 철저하게 관리해야겠다는 생각을 하게 되는 거죠.

"이때 되면 말을 안 듣네? 그렇다면 자아가 생기기 전에 확실히 스케줄을 잡아서 대치동 로드맵을 끝까지 밀어붙여야겠다!"

이 과정에서 아빠를 철저히 배제하게 됩니다. 즉, 아이가 부모와 다자 관계를 경험할 기회를 차단하는 것이죠.

일대일 관계에서는

'나'와 '엄마'의 경계가 불분명하다

일대일 관계에서는 어디까지가 나이고, 어디까지가 엄마인지 명확하지 않습니다. 이런 환경에서는 아이가 공부를 하면서도 "이게 정말 내 목표인가?"를 인식하기 어렵습니다. 나를 위해 공부하는 것인지, 엄마를 위해서 하는 것인지도 모른 채 그저 공부를 합니다. 세계관이 좁아지고, 사회적인 관계도 제한적이 될 가능성이 큽니다.

물론 대입이 인생의 전부라면, 이런 방식도 효과적일 수 있습니다. 하지만 지금 우리는, 어떤 학과를 전공했는지가 예전만큼 중요하지 않고, 평균 수명은 점점 길어지는 시대를 살아가고 있습니다. 긴 인생을 살아가려면 어린 시절의 즐거운 추억이 필요합니다. 행복했던 기억이 있어야 인생의 어려운 순간이 왔을 때 그 기억을 에너지원 삼아 회복할 수 있습니다. 그런데 어린 시절의 추억에 아빠가 존재하지 않는다면 행복한 기억이 될 수 있을까요? 그런데 '아빠의 무관심'이라는 단어가 실제로 작동하는 현실을 보면, 사실 조금 섬뜩합니다. 이 방식이 효과적이라는 것 자체가 사실 더 무서운 일입니다. 아빠가 적극적으로 존재감을 드러내지 않으면 배제되는 것이 너무나 자연스럽게 이루어지고 있습니다.

아빠의 자리는
그냥 주어지는 것이 아니다

사실 많은 아빠들은 아이가 어릴 때 육아에 적극적으로 참여하지 않습니다. 그러다 보니 분리-독립 과정에서 아빠가 비어 있고, 아이가 크고 나면 '아빠가 끼어들 자리가 없어진' 상태가 됩니다. 아빠의 자리는 그냥 주어지는 것이 아닙니다. 노력이 필요합니다. 에너지를 들여야 합니다. 그런 과정 없이 나중에야 "가족이 나를 배제했다." "나만 따돌린다."라고 말하는 것은 이미 지나간 시간 속에서 스스로 놓친 부분을 돌아봐야 한다는 의미이기도 합니다. 드라마 〈폭싹 속았수다〉를 보면 '학씨 아저씨'라고도 불리는 부상길이라는 인물은 "내가 벌어온 돈으로 쌀밥 먹였더니, 내 말을 무시해?"라는 말을 자주 합니다. 이런 모습이 바로 다자 관계에 자기 자리를 찾지 못한 아빠의 전형입니다. 그래서 아빠가 자리를 찾으려면, 분리-독립 단계부터 적극적으로 관계를 형성해야 합니다. 하지만 그 시기를 놓치고 나면, 나중에 관계를 회복하기 위해 훨씬 더 고통스럽게 노력해야 합니다.

관계를 회복하고 싶은데
어떻게 해야 하나요?

뒤늦게라도 아이와 관계를 회복하고 싶은 아빠들은 이런 질문을 많이 하십니다.

"아이랑 게임을 같이 하면 도움이 될까요?"
"PC방에 같이 가볼까요?"
"아이돌 음악을 같이 들으면 공감대가 생길까요?"

이런 노력, 없는 것보다는 훨씬 낫습니다. 하지만 이미 적절한 시기를 놓쳤기 때문에 회복하는 과정이 쉽지 않습니다. 그 전 단계에서 자연스럽게 관계를 형성했다면, 이 모든 과정이 훨씬 수월했을 겁니다. 그 시기를 놓쳤다면, 이제는 더 어렵고, 더 힘든 방식으로 관계를 회복해야 합니다. 아빠가 육아에 적극적으로 개입하지 않으면, 자연스럽게 아이와의 관계에서 밀려나게 됩니다. 그리고 아이가 성장한 후에 다시 자리를 찾고 싶다면, 더 많은 노력과 시간을 들여야만 합니다. 분리-독립 과정에서 아빠가 어떤 역할을 하느냐가, 아이의 심리적 성장에 큰 영향을 미칩니다. 그것이 가족 관계에도 중요한 변화를 가져오게 됩니다.

아이의 교육에 대해
최소한의 정보라도 알고 있어야 한다

대개 자녀의 학습에 대해서는 엄마가 주도하여 일정을 짜는 경우가 많은데요. 아빠는 그렇다고 완전히 모른 척하면 안 됩니다. 최소한 아이의 학원 스케줄 정도는 알고 있어야 합니다. 이걸 알고 있느냐 모르느냐가, 아이와의 관계 형성에 엄청난 차이를 만듭니다. 예를 들어, 아이가 하루 종일 어떤 일정을 소화하고 있는지 전혀 모른다면, 아빠가 퇴근하고 들어왔을 때, 아이가 소파에 누워 스마트폰을 보고 있는 모습을 보면 어떤 생각이 들까요?

"너 그렇게 빈둥빈둥 놀고 있어도 돼? 공부해야지. 시간 낭비하고 있으면 어떡해."

이렇게 버럭 화를 내기 쉽습니다. 새벽부터 밤까지 아빠보다 더 피곤한 스케줄을 따라 이동하고 공부하다가 너무 피곤해서 잠깐 누웠는데 아빠가 들어와서 뭐라고 하면 아빠와의 관계는 틀어질 수밖에 없죠. 그러면 대화는 더 없어지고 아이는 엄마와 더 소통을 하게 됩니다. 아빠와는 더 멀어지게 되고요. 하지만 아이의 일과를 알고 있다면, "하루 종일 학원 돌고 와서 이제 좀 쉬는 거구나." 하고 이해할 수 있죠.

예전에는 아버지가 계신 장소에 누워 있는 것이 예의없는 행동이었지만, 요즘 아이들은 학원 마치고 집에 있는 시간에 누워 있지 않으면 견디기 힘든 생활일과를 보내고 있습니다.

아이의 스케줄에 대해 관심을 갖는 것만으로도 아빠와 아이의 관계가 갈라질 수도, 가까워질 수도 있습니다.

옛날 〈가족 오락관〉이라는 프로그램에 아빠한테 이런 질문을 하는 퀴즈 코너가 있었습니다.

"당신의 자녀가 몇 학년 몇 반입니까?"
"친한 친구 이름은 무엇인가요?"

지금으로 치면 이런 질문을 할 겁니다.

"우리 아이가 지금 다니는 학원이 몇 개일까요?"
"수학은 지금 몇 학년 선행을 하고 있는지 아세요?"

이 질문에 대답을 못 한다면, 아빠는 아이의 행동을 이해하지 못할 때가 많아지고 괜히 아내를 탓하게 되면서 관계는 악순환됩니다. 그리고 아이의 성장 발달 과정에서도, 아이는 '엄마와 아빠', 그리고 '나'라는 다자 관계가 익숙하지 않을 수 있습니다. 거듭 말씀드리지만 다자 관계를 인식하게 되면 저절로 거리가 생기고 개인의 정체성 영역이 생깁니다. 다자 관계와 개인으로서의 자기 정체성은 동전의 양면과 같거든요. 자기 정체성이 생기면 자신의 바운더리를 만들면서 주도성이 싹틉니다. 하루 종일 학원을 다니더라도 자기 계획하에 다니는 것과 끌려다니는 것은 다르니까요.

아빠도 변해야 합니다. 부모와 자식 간의 건강한 관계는, 자연스럽게 거리 조절이 되는 관계입니다. 엄마, 아빠가 공통된 원칙을 가지고 있어야 하고, 아이에게도 감정과 행동의 영역이 있음을 인정해야 합니다. 특히 아빠는 '정보라도 알고 있어야' 대화의 끈을 놓지 않을 수 있습니다. 중요한 건 아이의 성장에 늘 함께하는 것입니다. 그게 결국 아빠 자신의 삶의 질을 높이는 길이기도 하고요.

아이를
한 인간으로
존중하는 방법

우리 부모님 세대에는 학교에서 단체로 기합을 받는 일이 많았습니다. 딱히 내가 잘못한 것도 아닌데 분위기가 안 좋다 싶으면 운동장을 같이 뛰어야 했고, 기운 넘치는 선생님들은 남학생들을 한 줄로 세워놓고 체벌을 하기도 했습니다. 요즘 같으면 뉴스에 나올 법한 일이지만 그때는 그런 개념조차 없었죠.

그 시절에는 '개인'이라는 개념이 지금처럼 뚜렷하지 않았습니다. 모두가 하나의 공동체로 묶여 있었고, 개인보다는 집단이 우선이었습니다. 하지만 요즘은 분위기가 완전히 달라졌습니다. 이제는 한 문제 아이의 행동이 우리 아이의 학교생활에 방해가 된다고 생각하면, 학부모가 학교에 그 학생의 강제 전학을 요구하는 시대입니다.

이 변화의 핵심은 '분리-독립된 개인'이라는 개념이 자리 잡았기 때문이에요. 과거에는 대가족이 일반적이었고, 가정과 직장이 분리되지 않은 경우도 많았습니다. 농사를 짓거나 가업을 이어가는 집안에서는 아이들도 자연스럽게 일손을 도우며 성장했죠. 하지만 지금은 핵가족을 넘어 1인 가구 시대에 접어들었고, 개인의 권리와 책임이 더욱 강조되는 사회가 되었습니다.

그렇다면 이런 변화에 적응하려면 어떻게 해야 할까요? 중요한 것은 가정에서 '분리-독립' 단계를 거쳐야 한다는 점이에요. 저는 그 첫걸음이 '잠자리 분리'라고 강조했습니다. 아이가 부모와 떨어져 자는 것은 단순한 생활습관을 넘어, 독립적인 존재로 성장하는 중요한 과정이에요. 잠자리 분리에 관해 상담을 할 때 부모님들이 많이 하는 질문이 있습니다.

"아이가 싫어하는데 그래도 해야 하나요? 언젠가 스스로 하려고 하지 않을까요?"

여기서 꼭 기억하셔야 할 개념이 있습니다. '아이의 의견을 존중하는 것'과 '중요한 의사결정을 아이에게 떠넘기는 것'은 다르다는 겁니다.

초등학교에 막 입학한 아이가 있었습니다. 이 아이는 등교를 거부하는 행동 때문에 저와 만나게 되었습니다. 학교에 가려 나섰다가도 학교에 가기 싫으면 길에서 그대로 드러누워버렸어요. 검사를 해보니 지능도 우수하고, 특별한 발달 문제도 없었습니다. 그런데 이 아이가 7살까지 기저귀를 차고 있었다는 사실을 알게 됐습니다.

"아이가 기저귀를 떼기 싫다고 해서 그냥 기다렸어요."

아이에게 물어봤더니 싫다고 해서 존중해줬다는 겁니다. 많은 부모님들이 헷갈려 하시는데 아이의 의견을 존중하는 것과 중요한 결정을 아이에게 맡기는 것은 완전히 다릅니다. 기저귀 떼는 걸 아이의 뜻에 맡겼다면, 학교 가는 것도 아이가 싫다고 하면 안 보내야 할까요? 현실에서는 그럴 수 없습니다. 교육은 의무이기도 하고요.

부모는 아이가 싫어해도 해야 하는 일들이 있다는 걸 가르쳐야 합니다. 학교에 가는 것, 규칙을 지키는 것, 식사 예절을 지키는 것, 그리고 잠자리 분리 같은 것들이 바로 그런 예입니다. 아이가 싫어해도, 성장 과정에서 반드시 경험해야 하는 것이 있습니다. 현실적으로 적응하려면 꼭 필요한 과정이 있어요. 기저귀 떼기도 반드시 거쳐야 하는 과정인데, 이 결정을 아이에게 맡겼던 겁니다. 어느 부분에서는 아이를 독립적인 존재로 대해야 하고, 어느 부분에서는 아이에게 중요한 의사결정을 넘기지 말라고 하면 부모님들이 혼란스러워하시는데요. 기본적으로는 주어진 상황에서 식사 시간, 수면 시간 조절을 스스로 할 수 있느냐에 기준을 두시면 됩니다. 유치원에서 가르쳐주는 것을 떠올리시면 됩니다.

- 일찍 자고 일찍 일어나기
- 식사 시간이 되면 '내가 배고프지 않더라도' 친구들과 함께 식사하기

잠자리 분리, 식사 시간 지키기 등 자기 생활을 스스로 통제할 수 있는 능력이 '심리적 연령'이라고 보시면 됩니다. 그 연령보다 더 높은 수준의 의사결정은 부모님이 하시는 것이 맞습니다. 일례로, 잠자리 분리가 안 된 초등학교 4학년에게 중학교 수준의 선행학습을 시키는 것은 일관성 없는 양육 태도인 것이죠.

중요한 의사결정을

아이에게 떠넘기지 마세요

최근 '7세 고시', '4세 고시'가 화제입니다. 소위 대치동 로드맵을 따라가기 위해 4~7세 아이들이 고등학생 수준의 영어 문제와 수학 문제를 풀고 학원 입학을 한다는 건데요. 대부분 엄마가 계획하면 아이는 따라갑니다. 너무 힘들어도 묵묵히 따라갑니다.

아이는 스스로 "내가 다양한 요소를 고려했을 때, 학원을 그만두는 것이 맞겠다."라는 판단을 내릴 수 있을 정도로 성숙하지 않습니다. 아직 판단력이 미숙합니다. 학원을 그만두는 것보다 상위 클래스에서 인정받는 것이 더 중요하다고 느끼기도 하고요. 그래서 아이는 버티고, 버티고, 버팁니다. 그러다 감당할 수 없는 지경이 되어, 완전히 손을 놓아버리는 아이들이 생깁니다. 공부를 포기하는 거죠. 이건 마치 운동선수 양성 과정과도 비슷합니다. 야구 선수를 꿈꾼다고 해서 모든 아이가 프로 선수가 되지는 않으니까요. 대치동 시스템은 '프로가 될 사람만 키우고, 안 될 사람은 완전히 포기하는' 구조입니다. 어느 정도 수준까지만 배우고, 즐길 수 있는 과정이 없죠.

상위권 대학을 향한 학원 시스템 속에 있는 아이는 힘들면 안 가도 된다는 말을 듣기는 했지만 그래도 아이는 갑니다. 그러다 어느 순간, 딱 한 번 시험을 망치면, 그때부터 '내 인생은 여기까지인가 보다.'라는 생각을 합니다. 소위 멘탈이 깨질 정도로 충격을 받는 아이들이 많습니다. 너무 어릴 때부터 이런 말을 반복해서 듣고 자랐기 때문이죠.

"이걸 못하면 너는 끝이다."
"좋은 대학 못 가면, 좋은 직업도 못 구하고, 그러면 인생 망하는 거야."

한 학생이 있었습니다.
6학년 때까지 아주 우수한 성적을 유지하던 아이였어요. 그런데 어느 날 시험을 한 번 망쳤습니다. 그리고 그 후, 학교를 아예 안 가기 시작했습니다. 그동안 그렇게 열심히 공부했던 아이가 갑자기 이런 행동을 보이니 부모님은 당황하고 절망하고 어떻게든 문제를 해결하고 싶어 했습니다. 게다가 이 학생에게는 남동생이 있었는데요. 첫째가 공부를 포기한 것을 보고 그 부모님은 둘째에게 어떻게 행동했을 것 같습니까? 둘째에게 더 강하게 학습을 밀어붙였습니다. 첫째가 저에게 말했습니다.

"쟤도 저처럼 될 거예요."

절망한 아이의 표정이 지금도 제 뇌리에 생생합니다. 이 부모님과 상담을 하면서 거의 싸우다시피 했지만, 결국 상담을 그만둘 수밖에 없었습니다. 대개 첫째를 강하게 훈육하면, 둘째는 눈치를 보며 스스로 공부를 합니다. 그런데 그 과정에서 더 깊은 상처를 받습니다. 가끔 뉴스에서 '학원을 너무 많이 보내는 부모'에 대한 보도가 나오기도 하는데요. 하지만 상담을 해보면, 학원을 강제로 보냈다는 부모는 단 한 명도 없습니다. 다들 이렇게 말씀하세요.

"아이가 원해서 보냈어요."
"힘들면 그만둬도 된다고 했는데, 아이가 더 하고 싶다고 했어요."

이것 역시 중요한 의사결정을 아이에게 떠넘기는 것입니다. 부모도 이건 너무 무리한 스케줄이라는 걸 압니다. 하지만 욕심이 납니다.

'다른 아이들은 더 많은 학원을 다니는데, 우리 아이도 더 시켜야 하지 않을까?'

그래서 중요한 의사결정을 아이한테 떠넘김으로써 문제를 직면하지 않으려고 합니다. 부모가 "힘들면 안 다녀도 돼."라고 말해도 아이에게는 이렇게 들립니다.

"그만두면 인생 끝인데, 그래도 그만둘래?"

청소년기에 접어들었을 때, 아이가 '미래에 대한 개념'을 가지고 있으면 스스로, 자기주도적으로 학습을 계획하고 공부를 합니다. 스스로 좀 더 해봐야겠다는 동기가 있으면 부모가 그렇게까지 개입을 할 필요가 없어요. 그런데 아기 때부터 부모가 아이를 꽉 쥔 상태에서 청소년기까지 왔다면, 아이와 엄마는 여전히 일대일 관계에 놓여 있고, '내가 엄마이고, 엄마가 곧 나'인 세계에 머물러 있게 됩니다. 나의 생각인 것 같지만 엄마의 생각을 따라 학원에 다니고 대학을 정하겠죠.

이렇게 되면 결국 아이가 지쳐서 학교에 제대로 적응하지 못하는 경우도 있고, 어찌어찌해서 남들이 부러워할 만한 대학에 입학하고, 성인이 되었음에도 불구하고 문제가 발생하는 경우가 있습니다.

엄마가 직접 직장에 등판한 사건

한 대형 병원에서 있었던 일입니다.

레지던트가 소속된 의국은 병원 내에서 하나의 팀, 부서 같은 조직입니다. 어떤 조직이든 일을 하다 보면 크고 작은 문제가 생기고, 누군가는 책임을 져야 하는 상황이 생깁니다. 한 레지던트 과정에서 문제가 발생했는데, 누구의 잘못인지 뚜렷하지 않은 상황이었어요. 하지만 누군가는 책임을 져야 했고 질책을 받아야 했습니다. 대부분의 직장인은 회사에서 좀 억울하게 질책을 받으면 기분은 좋지 않지만 대개는 '아, 이런 일도 겪는구나.' 하고 속상해하고 경험으로 삼습니다.

그런데 질책을 받았던 레지던트의 어머니가 직장에 찾아왔습니다. 직접 병원으로 찾아와, 왜 우리 딸이 문책을 당해야 하냐며 부당함을 병원 과장님에게 따진 겁니다. 결국 그 레지던트는 병원을 그만뒀습니다. 그 레지던트는 의과대학을 거쳐, 높은 경쟁률을 뚫고 모두가 원하는 병원, 원하는 과에 들어간 상태였습니다. 정말 그만두고 싶었을까요? 물론 다른 병원에서 다시 수련을 시작할 수도 있지만, 의국을 그만두는 것은 그동안의 노력과 성취를 모두 내려놓아야 하는 일입니다. 거기까지 가는 동안 무척 힘들기도 했을 겁니다. 그런데 엄마가 '내 딸이 이런 대우를 받아서는 안 된다.'고 생각했고 그걸 못 견뎌서 퇴사를 강요한 겁니다. 보통의 경우라면, 부모가 아무리 화를 낸다 해도 직장 문제는 자녀가 스스로 결정합니다. 하지만 이 레지던트는 엄마의 뜻을 거스를 수 없었습니다. 엄마가 기분 나쁜 것은 기분 나쁜 거고, 내 인생은 내 인생

이어야 하는데, 그 레지던트는 20대 후반이 되도록 여전히 엄마와 분리되지 못한 상태에 있었던 것이죠.

이 레지던트가 의대에 합격했을 때, 아마 대치동 엄마들 사이에서는 이 사람의 삶이 성공 사례로 회자되었을 것입니다. 대치동 시스템을 잘 따라가서 의대에 합격했으니까요. 대치동에서는 거기까지가 이야기의 끝입니다. 아무도 그 이후의 일에 관심을 두지 않습니다.

성공이란 무엇인가

좋은 직업을 갖고, 좋은 집에 살고, 좋은 차를 타는 것. 이런 삶이 잠시 부러울 수는 있습니다. 하지만 그걸 인생의 목표로 삼는 것이 과연 옳을까요? 대한민국의 교육 현실과 사교육 문제를 해결하려면 모두가 분리-독립 개념을 모두 이해하고 있어야 합니다. 분리-독립이 이루어지면, 이 시스템 자체가 유지될 수 없어요. 아이들이 그렇게까지 무리하지 않습니다. 물론 스스로 열심히 하고 싶은 아이들은 예외일 수도 있겠지요. 예를 들면, 피아니스트 조성진처럼 되고 싶다면 하루 15시간씩 연습하는 것이 당연한 선택이 될 것입니다. 공부도 마찬가지입니다. 친구들과 노는 것보다 수학 문제 푸는 게 더 재미있는 아이들이 분명 있습니다.

중학교 때 독서실에서 함께 공부했던 친구가 있었습니다. 아침부터 밤까지 단 한 번도 쉬지 않고 공부만 했던 친구였습니다. 저도 열심히 했지만, 저 친구처럼은 도저히 못 하겠다고 생각했었지요. 그 친구는 결국 서울대 공대 교수가 되었습니다. 그런데 이 나이가 되도록 그 친구와 저녁 한 끼를 함께 먹었다는 동창이 아무도 없습니다. 애초에 사회활동에 대한 필요성을 느끼지 못하는 사람이었던 거죠. 사람들과 어울리는 것보다 공부가 훨씬 재미있는 거예요. 대부분의 사람들은 친구와 맥주 한잔도 하고 싶고, 중학생이라면 게임을 하거나 떡볶이를 먹으러 가고 싶을 때가 있습니다. 그런데 그 친구는 그런 것보다 공부하는 게 더 재미있었던 겁니다.

대치동 교육이 문제인 이유는, 이런 특별한 아이가 마치 보통 아이들의 평균 모델인 것처럼 설정되어 있다는 점입니다. 그 로드맵을 따라가는 일반적인 아이들이 병이 나지 않는 게 오히려 이상할 정도입니다. 이 과정을 통해 학습 능력이 향상된 것처럼 보이는 학생도 일부 있겠지요. 하지만 사실 그런 아이들은 그렇게 하지 않아도 잘할 아이들입니다.

분리-독립의 개념이 사회적으로 자리 잡으면, 대치동 교육 시스템은 유지되기 어렵습니다. 오히려 그렇게 행동하는 부모가 이상해 보이는 시대가 올 것입니다.

현재 대한민국의 사교육 현실이 뭔가 이상하다고 생각하는 사람들은 많습니다. 하지만 정확히 뭐가 문제인지 명확하게 짚어내기는 쉽지 않습니다. 왜냐하면 "내 아이를 위해 이렇게 하는 게 뭐가 문제냐?"라는 질문 앞에서 모두 말문이 막히기 때문입니다. 지금은 그냥 "아무것도 안 시키는 것보다는 하는 게 낫겠지." "나쁜 걸 시키는 것도 아니니까 괜찮겠지." 같은 막연한 생각으로 사교육을 시키는 경우가 많습니다. 그래서 뭔가 문제가 있는 것 같긴 하지만, 도대체 뭐가 문제인지 정확히 알지 못하는 상황이 벌어지는 것이지요.

그러나 분리-독립의 개념을 이해하고 나면 상황이 한층 선명해집니다. 부모가 아이의 의견을 존중하고 공감하는 것과, 중요한 의사결정을 아이에게 떠넘겨 문제를 회피하는 것은 전혀 다른 이야기라는 점도 분명해집니다.

이 개념을 이해하려면 부모와 아이가 '분리된 존재'라는 전제가 필요합니다. 분리-독립이 이루어지지 않은 상태에서는 '아이의 의견을 존중하는 것'과 '부모의 책임을 아이에게 떠넘기는 것'의 차이를 구별하기가 쉽지 않습니다. 왜냐하면 부모와 아이가 여전히 하나의 개체처럼 얽혀 있기 때문입니다.

무엇을 하지 말아야 할까

지금의 대한민국에서는 양육에 대한 사회적 컨센서스가 마치 이미 비만인 아이에게 '우리 아이에게 무엇을 더 먹이면 건강에 좋을까?'를 고민하는 것과 비슷한 상황인 것 같습니다. 이미 충분히 건강하고 오히려 영양 과잉 상태라면, 더 보충해줄 것이 아니라 불필요한 것을 줄여야 합니다. 아이가 비만이라면 무엇을 더 먹일까 고민할 것이 아니라 어떤 음식을 줄일까, 불필요한 것은 무엇일까를 생각해야 합니다. 초등학생이 되었는데도 계속 분유를 먹고 체중이 증가하고 있다면 당연히 분유를 끊어야 합니다. 그런데 오늘날 유행하는 양육 태도는 아이가 "나 이제 분유 그만 먹을래요." 할 때까지 계속 주겠다는 식입니다.

"아이가 먹기 싫으면 언젠가는 스스로 그만 달라고 하겠죠. 그때까지 계속 줄래요."

이러한 접근 방식이 아이의 건강뿐만 아니라 교육과 관계에서도 반복됩니다. 부모는 공부는 선행 학습을 시켜야 한다고 생각하면서도, 친구 관계에서 상처받는 것은 막아주려 합니다. 그러다 보니 아이가 갈등을 겪으면 이를 받아들이기보다 남 탓을 하게 되는 경향이 생깁니다. 갈등이 또 다른 갈등을 낳는 악순환이 이어지는 것입니다.

지금의 시대에는 '무엇을 더 해줄까?'보다는 '무엇을 하지 말아야 할까?'를 고민해야 할 때입니다. 불필요한 것들을 줄이고, 아이가 스스로 경험하고 성장할 기회를 만들어주는 것이 더 건강한 양육 방식이 될 것입니다.

Optimal Frustration

Life Lessons for Modern Families in the Age of the Symbiotic Relationship

PART II

독립하지 못한 어른들

독립하지
못한
어른들

　

1부에서 보았듯이 아이는 분리-독립 과정이 완료되어야 심리적으로 부모로부터 독립하고 자율적인 존재로 성장할 수 있습니다. 이 과정이 건강하게 완성되지 않으면, 자아 경계가 제대로 형성되지 못한 채 타인에게 심리적으로 융합되거나, 반대로 과도하게 단절된 방식으로 대인 관계를 맺게 될 수 있습니다. 앞에서 여러 번 강조했듯이 특히 라프로치먼트(재접근) 단계에서 부모가 적절한 거리감과 수용으로 반응해야 자율성을 키우면서 사람 사이의 거리를 조절하고 적정한 인간관계를 만들어갈 수 있죠. 그런데 이러한 심리적 분리가 실패하면 성인이 되어서도 그 영향이 고스란히 남게 됩니다.

제가 강연장에서 만난 한 30대 여성분은 좋은 대학을 나오고 안정적인 직장에 다녔지만, 중요한 결정을 내릴 때마다 극심한 불안을 겪고 있다고 했습니다. 결정을 해야 하는 순간이 닥치면 너무 부담을 느낀 나머지 회피 반응을 보이기도 한다고 하더군요. 외면하고 다른 일에 집중하거나 결정을 미루는 식으로 말이죠. 이야기를 나눠보니 그녀의 삶은 철저히 어머니의 계획 아래 구성되어 있었습니다. 어느 대학을 갈 것인지, 무엇을 전공할 것인지, 졸업하면 어느 회사를 지원해야 할지까지…. 살면서 중요한 결정을 내려야 할 때마다 어머니의 뜻에 따랐고 스스로 선택해본 경험이 거의 없었습니다. 그결과, 성인이 된 이후에도 자신의 생각보다는 타인의 반응에 과도하게 신경을 썼고, 자신이 결정한 것에 대해 자기 확신을 갖지 못했습니다.

연령으로나 신체적으로나 성인이지만 마음은 아직 부모에게 의존하고 있는 사람은 요즘 사회에서는 더 흔하게 찾을 수 있고, 영화에서도 자주 묘사됩니다.

영화 〈블랙스완〉에서 주인공 니나는 완벽주의적인 어머니 아래에서 자라, 자기 욕구와 감정을 억누른 채 살아갑니다. 그녀는 자아 경계가 희미하고, 무대 위에서조차 자신의 감정보다 '어머니가 원하는 나'로 연기하려 합니다. 자율성을 확보하지 못한 니나는 점차 현실과 환상의 경계를 무너뜨리고, 결국 자기 안의 분열로 인해 파국에 이르게 되죠. 이는 말러가 언급한 '분리-독립 과정 실패'의 상징적인 예입니다.

적절한 좌절을 경험하지 못한 이들은 연인이나 친구 관계에서도 과도하게 의존하거나 반대로 친밀함 자체를 회피하기도 합니다. 직장에서 상사의 말 한마디에도 쉽게 위축되거나, 사소한 피드백을 개인에 대한 평가로 받아들여 자존감에 큰 타격을 입는 경우도 있습니다. 이러한 분들은 자신이 중심이 되어 삶을 주도하는 것이 아니라, 타인의 반응과 판단에 따라

흔들립니다. '나는 혼자서도 괜찮다'는 내면의 믿음을 충분히
형성하지 못한 채 성장한 결과입니다. 자아는 독립적인 공간
과 경험 속에서만 자랍니다. 부모가 모든 문제를 대신 해결해
주는 환경에서는 감정 조절, 관계 조절, 삶의 선택 역시 타인
에게 위임되어버립니다. 성인이 되어서도 끊임없이 누군가의
해결을 기다리죠. 어떤 사람은 연인을 통해, 어떤 사람은 직
장 상사를 통해, 또 어떤 사람은 여전히 부모를 통해….

　우리는 종종 "다 큰 어른이 왜 저럴까?"라는 말을 하곤 하지
만, 심리적 성장은 단순히 나이가 들거나 사회적 역할을 수행
한다고 해서 저절로 이루어지지 않습니다. 어른이 된다는 것
은 신체적으로 성숙해진다는 의미와는 별개로, 정서적으로도
독립하고, 자기 감정을 조절하며, 타인과의 건강한 경계를 설
정할 수 있게 되는 것을 포함합니다. 그런데 모두에게 이 과
정이 매끄럽게 이뤄지는 건 아닙니다. 각자 어린 시절의 애착
경험, 부모와의 관계, 반복된 좌절이나 보상의 양상 등 수많
은 정서적 경험들이 얽혀 있기 때문에, 누군가는 나이와 상관
없이 심리적으로는 여전히 미성숙한 부분을 갖고 있을 수 있

습니다.

어린 시절에 감정이 존중받지 못했거나, 중요한 선택을 스스로 해본 적 없는 사람은 성인이 되어서도 결정하기를 힘들어합니다. 한편 과잉보호를 받은 경우에는 타인의 인정 없이 자신을 지탱하기 어려운 상태에 머무르기도 합니다. 이렇듯 심리적 성장은 과거의 감정적 이력과 현재의 자각, 그리고 반복된 자기 성찰이 함께 작용할 때 비로소 가능해집니다. 겉으로는 사회적으로 성공하고 성숙해 보일 수 있지만, 내면의 미해결된 감정 과제가 남아 있다면 진정한 의미의 '어른'이 되었다고 말하긴 어렵겠죠.

2부에서는 이처럼 적절한 좌절을 거치지 못한 채 어른이 된 사람들의 이야기, 실패와 좌절, 그리고 여러 사례를 통해 문제를 함께 고민하고 극복할 방법도 함께 찾아보았으면 합니다.

오늘날 사회는 빠르게 변화하고 있고, 그에 따라 개인이 감당해야 할 선택의 무게도 점점 커지고 있습니다. 이전 세대보다 훨씬 더 많은 가능성과 자유를 가진 것처럼 보이지만, 그만큼 불확실성과 책임 역시 개인에게 전가된 시대입니다. 이런 환경에서는 자기 안의 기준과 감각이 확실히 자리 잡고 있지 않으면, 끊임없이 외부의 기준에 휘둘릴 수밖에 없습니다. '나는 무엇을 원하는가'보다 '남들은 어떻게 하고 있나'를 먼저 생각하게 되는 거죠. 심리적으로 독립되지 못한 상태에서는 이 질문 앞에서 쉽게 길을 잃습니다.

또한 요즘은 관계의 밀도가 점점 낮아지고, 가족이라는 공동체 안에서도 정서적인 소통이 부족한 경우가 많습니다. 겉으로는 함께 있어도 각자의 삶에 몰두하고, 감정이나 갈등을 드러내기보다는 회피하거나 외면하는 방식이 흔합니다. 이런 환경 속에서, 아이들은 건강한 분리 과정을 경험할 기회조차 없이 성장하기 쉽고, 성인이 되어서도 관계에서 균형을 잡지 못한 채 과잉 의존이나 과잉 독립으로 기울어지기도 합니다. 결국 자율성과 친밀감 사이의 균형은 어릴 적 부모와의 관계에서 시작되어, 이후 삶 전반에 걸쳐 영향을 미치게 되죠.

지금부터 적절한 좌절을 경험하지 못한 채 성인이 된 이들
이 사회생활을 해나가며 어떻게 자기 삶의 주인이 되어갈 수
있을지 구체적인 사례와 함께 더 깊이 이야기해보려 합니다.

위태로운
나르시시스트의
탄생

우리 사회 곳곳에서 나르시시즘적 성향을 보이는 사람들을 쉽게 찾아볼 수 있습니다. 조직 내에서 비판을 견디지 못하는 사람, 모든 공을 자기 몫으로 돌리는 상사, 관계 안에서 끊임없이 자신을 중심에 두려는 파트너, 공동의 목표보다 '자신의 이미지 관리'에만 집착하며 팀워크를 무너뜨리는 리더 등. 처음에 그런 사람들을 마주하면 '자존감이 유독 높아서 그런가 싶지만, 시간이 지날수록 그들의 이면에는 유약한 자아와 깊은 불안감이 있다는 걸 알게 됩니다. 이들은 자기 이미지를 지키는 데 필사적입니다. 나르시시스트 성향은 타고난다기보다 특정한 성장 조건과 심리적 경로를 따라 형성됩니다.

적절한 좌절을 겪지 못하고 자란 사람은 현실을 감당하지 못한 채, 불안을 회피하는 쪽으로 사고방식이 형성됩니다. 그렇게 형성된 방어기제가 자라서 어떤 형태로 굳어지는지, 거기서부터 얘기가 시작되죠.

그 방어기제가 도를 넘으면 '나르시시즘'으로 자리 잡습니다. 나르시시스트는 겉보기엔 자신감 넘쳐 보이지만, 실제로는 깊은 자기 확신이 없어요. 그래서 외부의 인정과 칭찬에 과하게 의존하게 됩니다. 자기를 진심으로 믿지 못하니까, 자신이 남들보다 우월하다는 환상 속에 머무르며 스스로를 지키려는 겁니다. 심리학에서 말하는 나르시시즘은 단순한 자기애가 아닙니다. 상처 입은 자아를 포장하려는, 일종의 위장입니다. 스스로를 과시하고, 끊임없이 비교하며, 우위를 점하려는 행동은 그 밑바닥에 깊은 결핍이 깔려 있죠. 나르시시즘은 공동체, 특히 조직 안에서 큰 위협이 되기도 하는데요. 협업을 무너뜨리고 자율적 문화를 해치기 때문입니다.

현재 조직에 좋은 사람은 떠나고 나쁜 사람이 남는 상황을 겪고 있다면, 그 문제 뒤에는 바로 이 왜곡된 구조가 숨어 있을 겁니다. 특히 성과 평가 시스템이 잘못돼 있으면, 나르시시스트가 조직의 주도권을 쥐기 쉽습니다. 조직이 성과만을 기준으로 평가하겠다고 선언한 순간, 조직은 겉포장 싸움으로 흘러갑니다. '누가 진짜 기여했는가'보다는 '누가 더 잘 포장했는가'로 기준이 옮겨가죠. 그러면 협업보다는 독주가, 실력보다는 자기 홍보가 더 주목받게 됩니다. 이건 나르시시스트에게 최적의 환경이에요.

자부심이 있는 사람은 자기 실력과 가치를 믿고, 그것만으로도 충분히 만족합니다. 그래서 타인과 기꺼이 협업하고, 성과를 함께 나눠요. 하지만 나르시시스트는 다릅니다. 남을 깎아내리지 않으면 자기 존재가 성립되지 않거든요. 어떤 일을 해냈다 해도 꼭 '못난 부하들 데리고 내가 해냈다'는 식으로 말하죠.

나르시시즘을 한마디로 정의하면 '지나치게 자기 자신만 생각하고 다른 사람을 배려할 줄 모르는 것'을 뜻합니다. 나르시시즘의 반대말은 자기존중감인데, 자기존중감이 높다는 것은 '자신의 가치에 대한 판단과 그와 관련된 감정'이 긍정적임을 의미합니다.

제가 강연에서 자주 인용하는 사례가 하나 있습니다. 바로 미국 드라마 〈밴드 오브 브라더스Band of Brothers〉의 실제 인물로 유명한 미국 육군 리처드 윈터스 대대장의 이야기입니다. 그는 제2차 세계대전 중 수많은 전투에서 눈부신 전략과 리더십을 보여주며 수많은 훈장을 받은 전쟁 영웅이었지만, 자신을 과시한 적은 단 한 번도 없었습니다. 누군가가 그의 용기와 수훈을 치켜세우면, 그는 늘 이렇게 대답했습니다.

"나는 영웅들의 중대에서 복무했을 뿐입니다."

그저 겸손한 말처럼 들릴지 모르지만, 이 한 문장에는 깊은 자부심과 단단한 정체성이 깃들어 있습니다. 자신의 공을 드러내기보다 함께한 동료들의 헌신을 먼저 이야기하고, 그 속에서 자신은 단지 일원으로 있었을 뿐이라고 말하는 태도. 이것이 바로 진짜 리더, 진짜 어른의 말투입니다. 실력 있는 사람일수록 떠벌리지 않습니다. 자신이 속한 공동체의 가치를 앞세우며, 그 안에서 묵묵히 자기 자리를 지킬 줄 압니다. 자신이 누구인지에 대한 확고한 이해가 있기 때문에 굳이 외부의 인정이나 칭찬에 매달릴 필요가 없는 것이죠. 이런 사람 곁에 있을 때, 우리는 자연스레 신뢰를 느끼게 됩니다. 왜냐하면 그 사람은 남의 인정이 아니라 '자기 기준'으로 사는 사람이기 때문입니다.

문제는 이처럼 존중해야 할 가치와 문화를 우리가 무심코 망가뜨릴 수 있다는 점입니다. 누군가를 칭찬할 때 "넌 다른 사람보다 더 잘해." "너는 최고야."처럼 비교 중심의 말을 자주 쓰다 보면, 그 사람 안에 있는 '내가 더 나아야 한다'는 마음을 자극하게 됩니다. 이런 칭찬 방식은 겉보기엔 자신감을 키워주는 것 같지만 실제로는 나르시시즘을 부추길 수 있어요. 자기 가치를 '남보다 나은가'로만 판단하게 되면 결국 비교에 집착하게 되고, 조금만 인정받지 못해도 불안하거나 예민해질 수 있거든요. 건강한 자부심은 따뜻한 응원과 지지 속에서 자랍니다. 누군가를 격려할 때는 비교하지 않고, 그 사람만의 특별한 장점을 진심으로 알아봐주는 것이 중요합니다. "넌 너답게 잘하고 있어." 같은 말이 "넌 누구보다 잘해." 보다 훨씬 더 깊은 힘을 줍니다.

부모의 과한 칭찬이 아이를 나르시시즘에 빠뜨린다는 흥미로운 연구로 학계의 눈길을 끈 네덜란드 암스테르담 대학의 에디 브루멜만Eddie Brummelman 교수는 "너는 다른 사람보다 잘해."라는 식의 비교 중심의 칭찬을 자주 듣게 되면, 자신의 우월함을 유지하기 위해 남을 깎아내려야 한다는 압박감을 느끼게 된다고 주장했습니다. 반면 "너의 이러한 점이 정말 좋아." 처럼 그 사람만의 강점에 초점을 맞춘 인정을 받으면, 다른 사람과 경쟁하기보다는 협력하고 함께하는 것의 가치를 알게 된다고 했습니다. 이 차이는 단순한 표현의 문제가 아닙니다.

비교 중심의 칭찬이 반복되면 서로를 밀어내야만 생존할 수 있는 분위기가 만들어집니다. 고유한 가치를 존중하는 문화가 자리 잡아야 사람들 사이에 신뢰와 협력이 쌓일 수 있습니다. 이 차이를 아는 공동체는 서로를 무너뜨리지 않고, 함께 더 멀리 나아가게 되죠.

에디 브루멜만 교수의 연구가 비교 중심의 칭찬이 개인의 내면에 어떤 영향을 미치는지를 보여줬다면, 뉴욕주립대학교 버팔로 캠퍼스의 에밀리 그리할바Emily Grijalva 심리학과 교수는 그런 개인들이 조직 안에서 어떤 파괴적 영향을 줄 수 있는지를 구체적으로 보여줍니다. 그리할바 교수는 나르시시스트들이 '협업'이 중요한 상황에서도 자신의 역량만을 드러내려 하고, 심지어는 공동의 성과가 돋보이지 않도록 의도적으로 방해할 수도 있다는 점을 밝혔습니다. 나르시시즘은 단순한 성격 문제가 아니라 조직문화 전반에 영향을 미치는 구조로 작동한다는 사실을 증명한 것이죠. 개인이 비교 중심의 칭찬 속에서 자라나고, 그 방식으로만 인정받아온 경우, 결국 조직 내에서도 협력보다는 경쟁, 나눔보다는 독점을 택하게 되는 것입니다.

그렇기에 리더의 역할이 중요합니다. 단순히 결과만 보는 평가 방식은 협업의 가치를 지우고, 개인 성과만을 앞세우는 문화를 만듭니다. 같은 성과라도 그것이 좋은 팀워크의 결과인지, 아니면 누군가의 과도한 자기 과시로 인한 왜곡된 결과인지를 구분하고 드러내야 합니다. 성과 자체가 아닌, 성과에 이르는 과정의 '태도'를 보상하는 문화. 그 문화 안에서만 진짜 자부심이 자라고, 나르시시즘은 설 자리를 잃습니다. 협업이 존중받는 조직은 개인의 불안을 줄이고, 팀 전체를 성장하게 만듭니다.

흥미로운 점은, 나르시시스트들이 모든 면에서 자신이 우월하다고 생각하는 건 아니라는 사실입니다. 스스로 능력 있고 매력적인 사람이라고 생각하면서도 '성실함'이나 '공정함' 같은 도덕적 특성에 있어서는, 스스로도 그다지 뛰어나지 않다고 느낀다는 연구 결과가 있습니다. 이들은 자신이 잘하지 못하는 '성실함'이나 '공정함'을 중요하게 여기는 조직 분위기에서는 주목받기 어렵습니다. 그래서 그런 가치를 드러내는 사람들을 견제하거나 협업을 방해하는 행동을 합니다. 문제는 성실하고 공정한 사람들이 조직 내에서 충분히 인정받지 못할 때입니다. 그럴 경우 나르시시스트들이 자신감 있게 행동하고, 조직 내에서 영향력을 키울 수 있는 기회가 열리게 되는 것이죠. 즉, 진짜 문제는 나르시시스트들의 존재 자체보다 진짜 믿을 만한 사람이 인정받지 못하는 조직 문화에 있는 것입니다.

이 악순환을 끊으려면 조직이 무엇을 보상할 것인지 분명히 해야 합니다. 결과만이 아니라 그 과정에서 나타난 협력, 성실성, 공정성을 함께 들여다봐야 합니다. 그렇지 않으면 조직은 결국 겉으로만 화려한, 속은 텅 빈 껍데기가 되고 맙니다.

좌절을 피하는 사람은 비판을 견디지 못하고, 타인의 기준에 과도하게 흔들립니다. 그렇게 '자기 이미지'라는 가면을 쓰기 시작하죠. 그리고 결국 나르시시즘으로 이어집니다. 조직에서 이런 성향을 방치하면 어떤 일이 벌어질지는 굳이 말 안 해도 아시겠죠. 진짜 건강한 공동체는 '실수해도 괜찮다'는 심리적 안전감이 있는 곳입니다. 이 안전감은 따뜻한 말로 생기지 않아요. 평가와 보상의 기준이 바뀌어야 생깁니다. 협업이 존중받고, 성실함이 빛나고, 공동의 과정이 소중하게 여겨지는 곳. 그런 곳만이 안전합니다.

나르시시즘은 인간관계의 문제가 아닙니다. 이건 공동체의 존속과 직결된 문제입니다. 단기 성과에 몰두한 시스템은 포장 잘하는 나르시시스트를 키우고, 결국 공동체 전체를 약하게 만듭니다. 단단한 조직은 절대 그런 구조를 용납하지 않아요. 오히려 조용한 실력자, 팀워크를 중시하고 고유한 강점을 가진 사람에게 주목하는 분위기에서 조직은 진짜로 성장합니다.

우리가 경계해야 할 건 특정한 사람이 아닙니다. 사람을 보는 방식입니다. 누구를 칭찬하고, 무엇을 보상하며, 어떤 행동을 정상이라 여길 것인가. 그 기준이 바로 우리 조직의 문화를 만들고, 나르시시스트가 설 자리를 없애는 첫걸음입니다.

거부
민감성이
높은 사람

적절한 좌절을 겪지 않은 사람에게서 자주 나타나는 또 다른 특징은 '거부 민감성rejection sensitivity'이 높다는 점입니다. 거절에 유난히 예민하게 반응하고, 때로는 그것을 개인적인 공격으로 받아들이기도 하죠. 물론 거절은 누구에게나 불편한 경험입니다. 정성을 들여 제안한 일이 거절당했을 때 기뻐할 사람은 없습니다. 하지만 거부 민감성이 높은 사람은 이 불편함을 감정적으로 훨씬 더 크게 느낍니다. 그래서 많은 경우, 자신이 손해를 보더라도 상대에게 거절당할 상황 자체를 회피하려고 합니다. 관계를 망치고 싶지 않아서, 상대가 기분 나빠할까 봐, 내가 나쁜 사람처럼 보일까 봐 등의 이유로 자신의 욕구나 의사를 명확히 표현하지 못합니다. 이런 태도는 단기적으로는 갈등을 피하는 것처럼 보이지만, 결국에는 자기 경계를 잃고, 관계에서 점점 더 지치게 되는 원인이 되기도 합니다.

거부 민감성은 누군가로부터 부정적인 반응이나 거절을 받을 가능성 자체에 과도하게 예민하게 반응하는 성향을 말합니다. 이들은 실제로 거절이 일어나지 않았더라도, 거절당할까 봐 불안해하거나 지나치게 긴장합니다. 처음 보는 사람의 표정 변화, 사소한 말투 하나에도 '내가 무시당한 건 아닐까?' '싫어졌나?'라는 식으로 해석하고, 관계에서 반복적인 불안과 위축을 겪게 되죠.

정신분석학자 하인츠 코후트는 아이가 자라면서 일정 수

준의 좌절, 즉, 세상이 내 뜻대로만 되지 않는다는 경험을 겪어야 건강한 자기감과 현실 감각을 형성할 수 있다고 보았습니다. 하지만 이러한 좌절 없이 자란 아이는, 외부의 거절이나 비판을 견디는 심리적 내성이 부족해지고, 타인의 반응에 지나치게 휘둘리는 어른이 되기 쉽습니다. 다시 말해, 좌절의 부재는 '자기 정체성의 경계'를 단단히 세우는 기회를 잃게 만들고, 결국 사람 사이의 관계에서 반복적인 불안과 오해를 유발하는 기반이 됩니다.

어릴 때 '내 뜻대로 안 되는 상황'을 겪으면서 자기 조절과 현실 감각을 키우는 훈련 없이 자란 사람은 세상이 언제나 자신에게 우호적이어야 한다는 무의식적 기대를 품게 됩니다. 이러한 기대는 외부로부터의 작은 부정적 반응조차 견디기 힘들게 만들죠. 누군가 "그건 힘들겠네요."라고 말했을 때, "당신은 별로야."라는 뜻으로 받아들입니다. 그리고 그 감정은 '수치심'과 '공포'로 이어집니다. '나라는 사람 자체가 부정당했다.'는 해석이 거절에 감정적 과잉반응을 낳는 겁니다.

우리는 거절을 당하지 않으려고 무리한 수용을 하고, 필요 이상의 책임감과 죄책감을 짊어질 때가 있습니다. 이처럼 무리한 노력이 너무 반복되면 거절은 '거의 공황에 가까운 반응'을 야기하는 심리적 패턴으로 굳어질 수 있습니다. 거절에 민감한 사람은 타인의 부탁을 거절하지 못할 뿐 아니라 자신이 거절당할 상황도 최대한 회피하려 듭니다. 그래서 부탁도 제대로 하지 못하고, 불합리한 요구를 참는 쪽을 선택하게 됩니다. 이때 가장 중요한 것은, 내가 지금 무얼 원하고 있는지를 모른다는 사실입니다.

심리학자들은 이런 이유로 '소망 기반 정체성wish-based identity'이라는 개념을 강조하는데요. 이는 '나는 어떤 사람이고, 무엇을 원하는가'에 대한 내적 기준과 자기 인식이 형성되어 있어야 거절 앞에서도 흔들리지 않고, 자신의 선택을 지켜낼 수 있다는 뜻입니다. 다시 말해, 거절을 잘하려면 단순히 용기를 내는 것이 아니라, 먼저 자신의 욕구와 가치를 명확히 알고 있어야 한다는 것이죠.

정체성 이론에서 말하는 '자기self'는 단지 내가 어떤 역할을 하고 있는지를 아는 것을 넘어서, 내가 어떤 상황에서 어떤 선택을 해야 '나답다'고 느끼는지를 아는 능력까지 포함합니다. 이 자기 인식이 약하면, 타인의 반응에 과도하게 신경 쓰게 되고, 칭찬에 들뜨고 비판에 무너지는 식으로 자신의 중심을 쉽게 잃게 됩니다. 결국 타인의 요구나 기대에 맞춰 사는 삶을 반복하게 되고, 그러다 보면 정작 '나는 누구인가?'라는 질문에 선뜻 대답하지 못하는 상태에 이르게 되죠.

심리학자 에릭 에릭슨도 정체성의 핵심은 외부의 혼란 속에서도 나다움을 유지할 수 있는 내면의 일관성에 있다고 보았습니다. 이러한 정체성은 단기간에 형성되는 것이 아니며, 특히 적절한 좌절 경험과 자기 탐색의 시간을 통해 조금씩 세워져 갑니다. 결국 '소망 기반 정체성'이 단단할수록, 우리는 타인의 반응에 휘둘리지 않고, 필요할 땐 "아니요."라고 말할 줄 아는 어른이 되는 것이죠. 간단히 예를 들어, 내가 '올해는 무조건 1,000만 원을 저축하겠다'는 확고한 목표가 있다면, 누군가의 금전적 부탁을 정중하지만 단호히 거절할 수 있습니다. 하지만 그 목표가 희미하면 평판이나 관계 걱정에 휘둘리게 됩니다.

사실 거절은 자주 하는 일이 아닙니다. 그래서 막상 거절해야 할 상황이 오면, 어색하고 부담스럽게 느껴지죠. 심리학자들은 거절을 하나의 기술이라고 이야기합니다. 익숙하지 않은 만큼 연습이 필요하고, 중요한 건, 그 기술의 바탕에는 '내가 어떤 사람이 되고 싶은가'라는 정체성이 있어야 합니다. '나는 정직한 사람이 되고 싶다'는 정체성이 있는 사람은 상대가 무리한 부탁을 할 때, "그건 거짓말을 하는 일이에요."라고 조심스럽게 말할 수 있게 됩니다.

이처럼 거절의 핵심은 '이유'입니다. 사람들은 이유가 있어야 납득합니다. 하버드 대학교 심리학과 엘렌 랭어Ellen J. Langer 교수 연구에 따르면, 이유가 명확하든 아니든, '왜냐하면'이라는 설명이 뒤따르면 상대방이 거절을 훨씬 더 쉽게 받아들이는 경향이 있다고 주장했습니다. 단순히 "죄송하지만 어렵습니다."라고 말하기보다 왜 그런지를 담은 문장이 훨씬 효과적이라는 것이죠. 특히 그 이유가 자신의 정체성과 연결될 때에는 더 큰 힘을 발휘합니다. 예를 들어 "저는 무책임한 행동을 하고 싶지 않아요."보다는 "저는 무책임한 사람이 되고 싶지 않아요."라는 표현이 상대에게 훨씬 더 강하고 진지한 인상을 남깁니다. 왜냐하면 그 말 속에는 단순한 설명이 아니라 그 사람의 삶의 기준이 담겨 있기 때문이죠. 거절은 단지 싫다고 말하는 기술이 아니라 내가 어떤 사람이고 싶은지를 드러내는 언어이기도 한 셈입니다.

여기서 꼭 짚고 넘어가야 할 중요한 포인트가 하나 있습니다. 내가 분명하게 거절 의사를 밝혔음에도 상대가 계속해서 자신의 입장을 밀어붙인다면, 그 순간부터 그 대화는 단순한 의견 차이를 넘어서 나의 정체성에 대한 침해로 이어질 수 있다는 점입니다. 즉, 상대의 요구가 내가 지키고 싶은 가치나 태도, 나다움 자체를 흔드는 행위가 되는 거죠. 그래서 이런 상황에서는 갈등이 더 깊어지고, 감정적인 불편함도 커질 수밖에 없습니다. 중요한 건, 처음부터 '나는 이런 상황에서 어디까지를 받아들이고, 어디부터는 지켜야 하는가'에 대한 자기 인식이 명확해야 한다는 것입니다. 거절을 어려워하는 사람들은 종종 이렇게 말하곤 합니다.

"이걸 거절하면 저 사람이 나를 싫어하지 않을까?"

그런데 이 걱정의 바탕에는 타인을 위하는 마음만 있는 것이 아닙니다. 깊이 들여다보면, 그 안에는 '나를 잃고 싶지 않다'는 본능적인 몸부림이 숨어 있습니다. 누군가에게 휘둘리거나, 억지로 맞춰주는 상황에서 자신을 잃고 싶지 않기 때문에 망설이는 것이죠. 그래서 다소 역설적으로 들릴 수 있지만, 진짜 나를 지키기 위해서는 '거절'이 반드시 필요합니다. 정확히 말하면, '거절할 줄 아는 나', 즉 내 감정과 경계를 인식하고 지킬 수 있는 힘을 가진 내가 필요하다는 것입니다.

거절은 단순히 상대방의 부탁을 거부하는 게 아닙니다. 그보다 더 중요한 건 '무엇에 예스를 말할 것인가'를 분명히 정하는 과정입니다. 내가 어떤 미래를 원하고, 어떤 정체성을 추구하는지를 명확히 할수록 거절은 거칠지 않게 됩니다.

사람들은 의외로 정체성이 강한 사람에게서 더 큰 안정감을 느끼기도 합니다. 자기 생각이나 기준이 명확한 사람은 말과 행동에 일관성이 있기 때문에 함께 지내는 사람도 예측할 수 있어 편안함을 느끼게 되죠. 반대로, 상황에 따라 말이 바뀌고 태도가 흔들리는 사람은 신뢰하기 어렵습니다. 일관되게 자신의 삶의 원칙을 보여주고 신뢰를 쌓는다면 거절도 그 기준 안에서 납득됩니다. 결국 거절은 관계를 끊는 말이 아니라 신뢰를 쌓는 방식일 수도 있습니다.

이제 조금 더 현실적으로 얘기해볼까요? 우리가 거절을 못해 곤란을 겪는 순간은 대부분, 준비되지 않은 상황에서 갑작스럽게 마주할 때입니다. 그래서 '미리 연습해 놓은 말'도 필요합니다. 내가 중요하게 생각하는 가치, 소망, 정체성을 말로 정리해두면, 막상 상황이 닥쳤을 때 당황하지 않고 내 입장을 표현할 수 있는 힘이 됩니다. 준비된 말 한 줄이 나를 지켜주는 방패가 되는 셈이죠. 즉흥적인 반응이 어려운 사람일수록 말의 '사전 준비'는 훨씬 더 효과적입니다. 예를 들어, "제가 이 시기에는 가족과의 시간을 더 중요하게 생각하고 있어요."라든가, "지금 제 우선순위는 팀 프로젝트 마무리라 다른 요청은 어렵습니다." 같은 문장을 미리 만들어놓는 겁니다. 이는 예의 바르면서도 단호한 거절의 좋은 예시입니다.

거절은 단순한 대답이 아니라, 나를 지키는 말이며, 내 정체성을 드러내는 방식입니다. 적절한 좌절을 경험하지 못한 사람일수록, 이 한마디가 낯설고 어려울 겁니다. 하지만 자신이 중요하게 여기는 가치와 태도를 인식하고 그에 맞는 언어를 미리 준비해두면, 거절은 더 이상 두려운 일이 아닙니다. 이런 준비가 쌓일수록, 우리는 타인의 기대보다 나 자신의 기준에 따라 살아갈 수 있게 됩니다. 그리고 그것이 삶의 중심을 스스로 유지할 수 있는 힘이 됩니다.

관계적
공격성이
높은 사람

관계적 공격성relational aggression이 높은 사람들에 대해 이야기할 때, 우리는 단지 대놓고 화를 내거나 욕설을 퍼붓는 유형만 떠올리기 쉽습니다. 그러나 실제로 많은 경우, 공격성은 겉으로 드러나지 않습니다. 말 한마디, 무심한 태도, 배제의 뉘앙스, 뒷담화나 정보 통제 같은 방식으로 표현되는 '관계적 공격성'은 은밀하지만 지속적이고, 피해자에게는 똑같이 혹은 더 깊은 상처를 남깁니다. 이 관계적 공격성은 특히 관계를 중시하는 문화, 그리고 심리적 불안이 큰 환경에서 더 자주 관찰됩니다. 겉으로는 예의 바르고 다정해 보이지만, 속으로는 특정 사람을 따돌리고, 이간질하고, 영향력을 행사하려 드는 태도는 공동체를 무너뜨리는 주요 원인이 됩니다.

그렇다면 왜 어떤 사람은 관계적 공격성이 높아지는 걸까요? 심리학 연구에 따르면, 그 배경에는 취약한 자존감, 불안정한 애착 경험, 좌절에 대한 낮은 내성, 그리고 거부 민감성 같은 심리적 요인들이 자리하고 있습니다. 적절한 좌절을 경험하지 못하고 심리적 분리를 건강하게 완료하지 못한 사람들은, 감정을 조절하는 능력과 타인과의 심리적 경계를 세우는 능력이 미숙할 수 있습니다. 그 결과, 이들은 감정적 불안을 외부 통제를 통해 해소하려는 경향을 보입니다. 즉, 상대를 직접적으로 설득하거나 갈등을 조율하기보다는 제3자를 이용하거나 소문, 묵시적 압력, 피해자 역할을 통해 상황을 조작하려는 행동, 즉, 관계적 공격성을 택하게 됩니다.

이러한 경향은 여러 심리 연구에서도 관찰되었는데, 이들은 관계적 공격성을 사회적 고립, 명예 훼손, 배제, 비난 회피 등을 통해 타인을 통제하려는 행동 양식으로 정의했습니다. 관계적 공격성은 발달적 결핍과 정서적 회피가 만든 방어적 행동 전략인 경우가 많은데, 이런 성향을 가진 이들은 부정적인 피드백을 받으면 자신의 존재 전체에 대한 부정으로 해석합니다. 이는 곧 감정의 격앙, 공격적 반응, 혹은 수동적 복수로 이어지죠.

관계적 공격성을 해결하기 위해 가장 먼저 필요한 것은 정서적 인식과 자기 조절 능력의 회복입니다. 관계적 공격성을 보이는 사람들은 자신의 감정, 특히 불안, 질투, 수치심 같은 감정을 직접 표현하지 못하고, 그 감정을 다루는 데도 익숙하지 않습니다. 따라서 먼저 자신의 감정을 인식하고, 그것이 어떤 생각과 행동으로 이어지는지를 자각하는 훈련이 필요합니다.

한 직장에서 반복적으로 불만을 제기하던 직원 A가 있었습니다. 그는 늘 자신이 배제되고 있다고 느꼈고, 회의에서도 다른 사람들의 의견을 깎아내리는 말을 자주 했습니다. 팀장은 A에게 개별 면담을 요청했고, 그 자리에서 A에게 다음과 같은 질문을 던졌습니다.

"당신이 진짜 원하는 건 뭔가요?"

A는 잠시 망설이다가 말했습니다.

"사실 저는 팀에서 인정받고 싶어요."

이 고백 이후, 팀장은 A에게 팀의 일정 부분을 전담하게 하며 책임과 피드백을 분명히 주었고, A의 태도는 눈에 띄게 바뀌었습니다. A는 자신이 감정을 인식하고 건강하게 표현하고 책임 있게 전달하는 방식으로 관계적 공격성을 낮출 수 있었던 것이죠. 팀장은 A의 말을 경청하며 공정한 피드백을 주어 특정 행동 뒤에 숨은 심리적 결핍을 이해하고 대안을 제시하는 환경을 만들어주었습니다.

질투 역시 관계적 공격성의 강력한 연료 중 하나입니다. 특히 내가 불행하다고 느낄 때, 그리고 상대가 나와 비슷한 조건을 가졌음에도 더 인정받거나 행복해 보일 때, 질투는 빠르게 증폭됩니다. 질투는 상대의 평판을 떨어뜨리고 싶은 욕구, 혹은 자신을 상대보다 우위에 두고 싶은 충동으로 이어지기도 하는데요. 소문을 돌리거나, 제3자에게 불만을 흘리는 방식처럼 관계적이고 간접적인 공격성을 선택하는 식이죠.

질투를 줄이기 위한 가장 현실적인 방법은 '나만의 즐거움'을 회복하는 것입니다. 질투는 대체로 삶이 지루하고, 성취감이 없고, 자신이 무가치하게 느껴질 때 더 쉽게 커집니다. 다른 사람과 비교하지 않아도 내 삶 안에서 의미와 기쁨을 발견하는 경험이 쌓이면, 질투는 자연스럽게 약해집니다. 취미 생활, 소소한 성취, 나만의 루틴 만들기, 누군가에게 도움이 되는 활동 등은 자존감을 회복하는 데 중요한 토대가 됩니다. 심리학자들도 질투 감정은 억제하거나 부정하는 것보다 그 감정이 나에게 무엇을 말해주는지를 듣고, 내 삶을 돌아보는 기회로 삼는 것이 훨씬 효과적이라고 말합니다. 결국 질투는 비교의 구조를 바꾸는 것도 방법입니다. 조직 내 경쟁을 내부가 아닌 외부로 돌리고, 구성원 각자가 외부 세계와 접점을 넓히게 하는 것입니다. 예를 들어, 외부 팀과 협업 프로젝트를 맡기거나, 각자의 역량을 기반으로 외부 교육과 멘토링에 참여시키는 방식이 있습니다. 이렇게 하면 조직 안에서 나보다 잘난 사람을 끌어내리려는 에너지보다, 나 자신을 성장시키려는 에너지가 우선순위가 됩니다.

또한 '본질적 가치'를 자주 상기시키는 것도 좋습니다. '내가 왜 이 일을 하는가?' '나에게 정말 중요한 것은 무엇인가?' 이런 질문은 비교의 감정을 줄이고, 자기 존재를 타인의 시선이 아닌 자기 내면의 기준에 두게 만듭니다. 본질적 가치는 질투와 시기의 전염성을 줄이는 가장 강력한 백신이 되죠.

한 기업의 부서장이 매주 월요일 아침 회의마다 "이번 주

나의 동기는 무엇인가?"를 돌아가며 발표하게 했다고 합니다. 처음엔 다들 어색해했지만, 몇 주가 지나자 누군가는 "이번 주엔 가족과의 여행을 기대하며 힘을 낼 거예요."라고 말했고, 또 다른 이는 "혼자 설정한 작은 목표를 달성하고 싶어요."라고 털어놓았습니다. 그렇게 구성원들은 서로의 삶을 조금씩 들여다보게 되었고, 무엇보다 '왜 일하는가?'라는 질문을 스스로에게 던지는 시간을 가졌습니다. 이 과정은 놀라운 변화를 이끌었습니다. 이전에는 서로의 성과를 은근히 비교하며 긴장하던 분위기 속에서, 이제는 각자의 동기와 목표를 이해하고 응원하는 문화가 자리 잡기 시작한 것입니다. 동료의 성공이 나의 위협이 아니라, 함께 나아가는 이유가 된다는 것을 경험한 이 조직은, 질투와 경쟁 대신 신뢰와 지지로 연결된 팀으로 바뀌었습니다.

조직의 리더나 구성원은 종종 갈등을 해결하기 위해 많은 회의를 열고, 대화의 장을 마련하기도 하는데요. 그보다 먼저 한번 생각해볼 부분은 바로 속도 조절입니다. 말을 빠르게 하는 사람은 감정을 과잉 표출하기 쉽고, 판단도 성급합니다.

느린 말투와 충분한 시간이 주어질 때, 사람들은 훨씬 더 너그러워집니다. 이와 관련된 실험도 있습니다. 어떤 사람들에게는 "20분밖에 없다."고 말하고, 또 다른 사람에게는 "20분이나 있다."고 말한 뒤 같은 정보를 검토하게 했을 때, 전자는 더 빠르게, 더 부정적으로 판단했습니다.

관계적 공격성을 줄이기 위해 가장 먼저 조직과 공동체가 해야 할 일은 '속도를 낮추는 것'입니다. 많은 직장에서는 빠른 성과와 즉각적인 반응, 신속한 피드백이 효율의 상징처럼 여기지만, 이런 속도 중심의 문화는 오히려 감정을 가로막고, 오해를 키우며, 갈등을 단기적으로 처리하는 데 급급하게 만듭니다. 누군가의 말이 불편하게 들리면 곧바로 반응하고, 실수를 지적받으면 즉시 방어하거나 맞서게 되는 구조 속에서는 관계적 공격성이 자라기 쉽습니다. 그러나 조직이 의도적으로 속도를 늦추고, 반응보다 '성찰'을 우선시하는 문화를 만든다면, 상황을 곧장 해석하거나 판단하기보다 그 이면을 살펴보는 여유가 생깁니다. 예를 들어 갈등이 생겼을 때, 바로 결론을 내리기보다 상대의 입장을 이해하고 감정을 정리할 시간을 부여합니다. 이러한 '느린 대화', '잠시 멈춤'의 문화는 구성원 개개인이 자신과 타인의 감정을 천천히 돌아보고, 더 책임 있는 언어를 선택하도록 돕습니다. 결국 여유 속에서만 진짜 이해와 성찰이 가능하기 때문입니다.

또 하나 중요한 점은 '가치의 재확인'입니다. 갈등 상황에서는 감정이 앞서기 쉽지만, 이럴 때일수록 내가 왜 이 공동체에 속해 있는지, 우리가 함께 지키고자 했던 핵심 가치는 무엇이었는지를 떠올리는 과정이 필요합니다. 그렇게 하면 순간적인 분노나 공격 충동이 자연스럽게 가라앉고, 상대를 해치려는 동기 또한 약해집니다.

실제로 한 병원에서 간호사들 간의 갈등이 심해졌을 때, 팀장이 취했던 전략이 인상적이었습니다. 그 조직의 핵심 가치 '환자의 안전과 존엄'을 상기시켰던 겁니다. 이후 팀은 매주 한 번씩 실제 환자들이 남긴 긍정적인 피드백을 함께 나누며, 각자의 업무가 어떻게 공동의 목표에 기여하고 있는지를 되짚었습니다. 이 단순한 반복이 관계의 긴장을 풀고, 서로를 다시 동료로 인식하게 만드는 데 결정적인 역할을 했습니다. 공동의 가치는 우리가 감정에 휘둘릴 때, 다시 중심을 잡게 해주는 강력한 기준점이 됩니다.

관계적 공격성의 뿌리는 '불안'입니다. 내가 사랑받지 못할까 봐, 내가 밀려날까 봐, 내가 인정받지 못할까 봐 생기는 마음이죠. 이런 불안을 줄이는 가장 효과적인 방법은, 스스로를 지지하는 연습입니다. 나의 가치를 내 스스로 확인할 수 있을 때, 타인에게 덜 공격적이게 됩니다. 생각해보면 관계적 공격성을 낮춘다는 것은 자기를 성숙시키고, 공동체의 수준을 끌어올리는 일이기도 합니다.

늘
타인의 기준을
좇는 사람

"쟤는 어떻게 저렇게 말을 잘하지?"

"나는 왜 이만큼밖에 못했을까…?"

이런 말들, 하루에도 몇 번씩 마음속을 스치고 지나간 적 있
으시죠? 발표를 잘하는 동료, SNS 속 여행지, 타인의 성취나
외모, 말투까지. 비교는 아주 사소하게 시작되지만, 반복되다

보면 어느 순간 내 삶의 기준을 바꾸어버리기도 합니다. '나는 어떤 사람인가?'보다 '나는 저 사람보다 얼마나 못한가?'라는 질문이 더 자주 떠오르게 되는 것이죠.

　비교는 인간에게 자연스러운 본능입니다. 우리는 사회적 존재이기에 늘 집단 내에서 자신의 위치를 확인하려는 경향이 있습니다. 생존을 위한 본능이었던 이 비교는, 현대 사회에서는 조금 다른 방식으로 작동하게 되었지요. 문제는 이 비교가 자기 손상으로 이어질 수 있다는 데 있습니다. 심리학자 레온 페스팅거Leon Festinger는 '사회 비교 이론Social Comparison Theory'을 통해, 인간은 타인과 비교하며 자아를 규정한다고 설명했습니다. 그런데 이 비교에서 중요한 것은 바로 '기준'입니다. 대부분의 사람들은 자신보다 앞서 있는 사람과 비교합니다. 이른바 '상향 비교upward comparison'죠. 이는 처음에는 동기부여가 되지만 그것이 반복되면 열등감과 무력감으로 바뀝니다.

　비교에 민감하신 분들은 대체로 자기 안에 기준이 없습니다. 타인의 성과, 속도, 방식 등을 자기 기준 삼다 보니 늘 불안하고 조급해질 수밖에 없습니다. 그 불안은 다른 사람의 '잘됨'을 견디지 못하게 만들기도 합니다. 내 안의 기준이 약할수록 바깥의 기준이 더 자주 나를 흔들기 때문입니다.

그렇다면 이런 심리적 습관은 어디서부터 시작되었을까요? 마거릿 말러의 분리-독립 이론 중 라프로치먼트 단계에서 아이는 '나는 너와 다르지만 그래도 괜찮다'는 자기와 타인의 경계를 인정하고도 안정감을 유지하는 법을 배워야 합니다. 그런데 이 시기에 아이가 늘 타인과 비교되거나 부모의 인정이 조건부였다면, 아이는 자기 내면의 감각보다 외부의 기준과 평가에 자신을 맞추는 습관을 익히게 됩니다. 이런 경험이 반복되면, 성인이 되어서도 타인의 인정이나 비교 속에서만 자아를 확인하려는 경향이 남을 수 있죠. 타인의 성과에 박수를 보내기보다 불안을 느끼고, SNS 속 사진을 보면 조바심을 냅니다. 타인의 속도에 압도되면 자신의 방향을 잃게 됩니다.

미국 스탠퍼드 대학교 심리학과 캐럴 드웩Carol Susan Dweck

교수는 인간의 사고방식을 크게 두 가지, 고정관점fixed mindset 과 성장관점growth mindset으로 나눕니다. 고정관점을 가진 사람 은 능력과 성취를 타고난 것으로 여깁니다. 이들은 비교에 더 취약하고, '나는 원래 못하는 사람'이라고 규정하는 순간 새로 운 시도를 두려워하게 됩니다. 반면 성장관점을 가진 사람은 비교보다 개선에 집중합니다. '지금은 못하지만, 나아질 수 있다'고 생각하죠. 비교가 반복되면 비교는 습관이 되고, 그 습관은 정체성이 됩니다. 자신을 정의할 때 '나는 어떤 사람 인가'보다 '나는 누구보다 어떤가'를 먼저 떠올리게 되는 겁니 다.

그렇다면 우리는 이 비교의 굴레에서 어떻게 벗어날 수 있 을까요?

첫째, 기준을 바꾸어야 합니다. '남들보다 얼마나 잘하느냐' 보다 '어제의 나보다 얼마나 나아졌느냐'를 기준 삼는 것이 건 강한 성장의 시작입니다.

둘째, 결과보다 노력했던 과정을 보아야 합니다. 누군가의 성과가 눈에 띌 때, 그가 그 성과를 위해 얼마나 오랫동안 고통스럽게 노력했는지를 함께 보시기 바랍니다. 결과만 보고 비교하면 우리는 늘 지는 게임을 하게 됩니다.

셋째, 자기 긍정을 회복해야 합니다. 자기 긍정감은 내가 무엇을 잘한다거나 무엇을 갖고 있어서가 아니라 있는 그대로의 나를 인정하는 감각입니다. "나는 괜찮은 사람이다." 이 믿음이 있어야 타인의 성취가 위협이 되지 않습니다.

캐나다 워털루 대학교 심리학과 퍼넬러피 록우드Penelope Lockwood교수와 지바 쿤다Ziva Kunda교수는 상향 비교가 사람의 자아 개념과 동기에 미치는 영향을 실험적으로 분석했습니다. 롤모델의 존재가 개인에게 미치는 효과가 긍정적일 수도 있고, 부정적일 수도 있음을 밝혔는데, 개인이 그 롤모델의 성취를 자기와 관련된 목표로 인식할 수 있을 경우에는 동기 유발과 자기 효능감 상승 효과가 나타났지만, 그렇지 않을 경우에는 오히려 무력감이나 좌절감을 유발했습니다. 비교는 때로 동기보다 포기를 유발하는 자극이 되기도 하는 것입니다.

여기서 한 가지 더 짚고 넘어가야 할 중요한 심리학적 사실이 있습니다. 사람의 태도와 행동은 다르다는 것, 그리고 그 둘을 연결해주는 핵심이 바로 '확신'이라는 점입니다. 미국 버팔로 대학교 케네스 드마리Kenneth DeMarree 교수 연구진은 사람들의 태도, 그리고 그 태도에 대한 확신이 실제 행동에 어떻게 영향을 미치는지를 분석했습니다. 연구 결과는 흥미로웠습니다. 같은 태도를 가진 사람이라도, 그것에 대해 확신이 있을 때에만 실제 행동으로 옮긴다는 것입니다. 그렇다면 확신은 어디서 생길까요? 두 가지 조건이 갖춰져야 하는데 하나는 행복한 정서 상태, 또 하나는 충분히 생각할 여유, 즉 인지 욕구입니다. 기분이 긍정적일수록, 그리고 스스로 생각할 시간을 가질수록 우리는 자신의 태도에 대한 확신이 생기고, 그것이 행동으로 이어집니다.

이 말은 비교에 흔들리지 않고 스스로를 지켜가기 위해서는, 나 자신을 행복하게 해주는 요소와 생각할 여유를 확보해야 한다는 뜻이기도 합니다. 끊임없이 비교하고, 쫓기고, 조급해지면 그 어떤 태도도 행동으로 연결되기 어렵습니다.

비교하는 마음을 완전히 없앤다는 것은 불가능하지만, 그것에 휘둘리지 않는 연습은 분명히 가능합니다. 오늘 하루, 자신에게 이렇게 물어보시면 좋겠습니다.

"나는 어제보다 조금이라도 자랐는가?"

그리고 한 가지 더 덧붙여보시죠.

"나는 내 생각을 믿고 그 방향으로 조금씩 걸어가고 있는가?"

이 두 질문에 천천히 답하면서 살아가다 보면, 비교보다 성장에 더 가까워질 수 있습니다.

모든 걸
붙잡고 있어야
안심하는 사람

혹시 주변에 이런 분 계시지 않습니까?

작은 업무 하나도 스스로 확인해야 안심이 되고, 가족의 일 정이며 지출까지 전부 손에 쥐고 있어야 마음이 놓이는 사람. 이런 분들은 겉으로는 철저하고 책임감 있어 보이지만, 자세히 들여다보면 통제의 이면에 불확실성에 대한 두려움과 불안이 숨어 있다는 걸 알 수 있습니다.

이른바 '과잉 통제자'의 모습은 성격이 꼼꼼하고 완벽주의적이기 때문이라고 생각되지만, 실제로는 '내가 통제하지 않으면 모든 것이 무너질지도 모른다'는 깊은 불안과 긴장감에서 비롯되는 경우가 많습니다. 인지심리학과 문화심리학에서는 이러한 경향을 '높은 불확실성 회피 성향high uncertainty avoidance'이라고 설명합니다.

이 개념은 네덜란드 심리학자 헤이르트 호프스테더Geert Hofstede의 문화 차원 이론에서 비롯된 것으로, 불확실하거나 예측할 수 없는 상황을 극도로 불편하게 느끼고, 이를 줄이기 위해 규칙, 통제, 구조에 집착하는 경향을 말합니다. 이러한 성향을 가진 사람은 변화나 유연함보다는 예측 가능성과 안전성을 우선시하며, 그로 인해 타인을 지나치게 통제하거나 모든 상황을 직접 관리하려는 행동을 보일 수 있습니다.

분리-독립 과정에서 부모가 아이의 행동 하나하나를 지나치게 간섭하거나 해결해줬다면, 아이는 자율적인 선택과 책임감을 익히기보다는 불안을 낮추기 위한 '통제'라는 전략을

취하게 됩니다. 성인이 되어서도 타인과의 관계에서 자율적 거리감을 유지하지 못하고, 모든 것을 자신이 조율해야 직성이 풀리고, 타인의 판단이나 결정에는 불편함을 느낍니다. 문제는 이 통제가 사람뿐 아니라 일정, 감정, 분위기까지 확장된다는 점입니다. '내가 놓는 순간 무너질 것 같다'는 심리는 강박처럼 작동하곤 합니다.

조직 내에서 과잉 통제자들이 리더가 될 경우, 초기에는 '꼼꼼하고 믿을 만한 사람'으로 환영받을 수 있습니다. 하지만 시간이 지날수록 구성원들은 위축되고 자율성을 잃습니다. 모든 결정이 리더를 거쳐야만 하고, 작은 시도조차 리스크로 여겨지는 분위기에서는 창의성이 자라나기 어렵겠죠.

이를 '과잉 통제의 역설paradox of overcontrol'이라 하는데, 무언가를 완벽하게 통제하려 할수록, 오히려 더 많은 스트레스와 불안이 생기고, 결국 통제력을 잃게 되는 역설적인 상황을 말합니다. 지나친 통제는 주변 사람들의 자율성과 신뢰를 무너뜨리고, 예상치 못한 저항이나 갈등을 유발합니다. 그 결과 통제를 통해 얻고자 했던 안정감은 더욱 멀어지고, 불안을 해소하려던 시도 자체가 오히려 불안을 증폭시키는 결과로 이어지게 되죠. 이 역설은 조직 내 인간관계, 자녀 양육, 자기 관리 등 다양한 영역에서 반복적으로 나타나며, 특히 불확실성에 취약한 사람들이 경험하는 심리적 딜레마입니다. 책임을 진다는 것과 모든 것을 책임지려 한다는 것은 다릅니다. 모든 걸 붙잡고 있는 동안, 실제 중요한 부분은 놓치기 쉽습니다.

감정의 영역에서도 비슷한 양상이 나타납니다. 감정을 통제하려는 사람은 불편한 감정을 드러내는 상황을 꺼리고, 타인의 감정 표현도 불편해합니다. 이는 관계의 깊이를 막고, 서로를 피상적으로 대하게 만듭니다. 한 사람의 강박이 결국 여러 사람의 정서적 고립으로 이어지는 셈이죠.

미국 펜실베이니아 대학교의 연구팀은 통제 성향이 높은 사람들에게 예측 가능한 환경과 예측 불가능한 환경을 각각 경험하게 한 뒤, 심리적 반응을 측정했습니다. 결과는 뚜렷했습니다. 통제 욕구가 높은 사람일수록 예측할 수 없는 상황에서 불안 수치가 급격히 상승했습니다. 반대로 유연하게 반응하는 사람들은 불확실성을 스트레스보다는 도전으로 인식했습니다.

스탠퍼드 대학교에서도 관련된 실험을 했는데요. '의사결정 피로decision fatigue' 실험에서, 연구진은 참가자들에게 끊임없이 결정을 내리게 한 후, 인지 피로와 집중력 변화를 측정했는데, 모든 것을 직접 처리하려는 사람일수록 더 빨리 지치고 판단이 흐려졌습니다. 반면 적절히 위임하고 신뢰한 그룹은 더 긴 시간 동안 몰입을 유지했습니다. 통제는 때때로 효율을 해치기도 한다는 의미입니다.

실제로 상황이 어려울수록 리더는 책임을 더 많이 느끼며, 무언가를 말하는 것조차 부담스럽게 여기게 됩니다. 하지만 이렇게 혼자 끌어안는 방식은 결국 감정 왜곡을 일으키고, 구성원들에게 비난과 짜증의 형태로 튀어나오기 쉽습니다. 처음엔 리더의 무거운 책임감이었지만, 나중에는 주변을 위협하는 분위기가 되어버리는 거죠. 그래서 저는 리더십에서 가장 중요한 질문으로 이것을 꼽습니다.

'무엇을 내려놓을 것인가?'

진짜 리더는 모든 걸 아는 사람이 아니라 무엇이든 공유할
수 있는 사람입니다. 리더가 위임할 줄 알아야 조직이 활발하
게 움직입니다.

리더십 차원을 떠나, 우리 모두의 일상에서도 같은 이야기
를 나눌 수 있습니다. 가족 안에서 모든 일정을 계획하고 감
정을 조율하려 애쓰는 분들, 인간관계에서 갈등이 생기지 않
도록 늘 말을 고르고 상황을 통제하려는 분들. 혹시 그런 분
들 중 누군가는, 책임감 때문이라기보다는 불안감 때문에 그
자리를 떠나지 못하고 있는 건 아닐까요? 자기 삶을 스스로
설계하고 책임지는 것은 성숙한 태도입니다. 하지만 통제보
다 더 필요한 것은, 변화와 예상 밖의 흐름을 견디는 힘입니
다. 그 힘은 내가 모든 것을 다 잡고 있지 않아도 괜찮다는 믿
음에서 시작됩니다.

혹시 오늘도 무언가를 놓지 못해 마음이 바짝 긴장되어 있다면, 한 걸음만 물러나보시기 바랍니다. 정말 내가 손에서 놓는 순간 모든 것이 무너질까요? 내가 자리를 비웠을 때, 세상은 내 예상보다 더 잘 굴러갈지도 모릅니다. 작은 일 하나라도 위임해보시고, 정리해둔 계획 중 하나라도 조금 어그러지는 걸 허용해보시길 권합니다. 거기서부터 유연함은 시작됩니다. 처음에는 서툴고 불안하겠지만, 반복되는 작은 '놓음' 속에서 우리는 새로운 질서를 발견하게 됩니다.

과잉 통제의 습관은 하루아침에 바뀌지 않습니다. 오랜 시간 동안 형성된 불안의 방어기제이기 때문이죠. 하지만 자신이 통제하는 이유가 책임감 때문인지, 불안 때문인지를 구별하기 시작하는 순간부터 변화는 시작됩니다. 내가 통제를 조금 내려놓았을 때, 타인이 예상보다 훨씬 잘 해내는 모습을 경험해보아야 합니다. 그걸 목격한 사람만이 다음번에도 다시 믿고 맡기는 선택을 할 수 있습니다.

내가 모든 걸 붙잡고 있지 않아도, 삶은 나름의 방식으로 돌아깝니다. 그 믿음 하나가 내 안의 불안을 이겨내는 첫걸음이 될 수 있습니다.

회복탄력성이
유난히
낮은 사람

인지심리학자로서 저는 오랜 시간 동안 다양한 사람들과 조직을 관찰하며, 회복탄력성이 떨어지는 사람들에겐 공통된 몇 가지 심리적 특징이 있다는 것을 발견하게 되었습니다. 그 중 가장 대표적인 것이 '시간 감각의 왜곡'입니다. 실패나 좌절을 겪은 직후, 사람들은 시간의 흐름을 제대로 느끼지 못하거나, 마치 시간이 멈춘 듯 압도적인 절망 속에 갇히게 됩니다. 어떤 이들은 앞날이 사라진 것처럼 느끼고, 어떤 이들은 지금 이 순간의 고통이 영원히 계속될 것처럼 받아들이죠.

이처럼 시간 감각이 사라지면, 사람은 삶을 스스로 통제하고 있다는 느낌도 함께 잃게 됩니다. 미래가 보이지 않고, 지금 이 순간만이 전부처럼 느껴질 때, 우리는 무언가를 급하게 바꾸고 싶은 충동에 휩싸입니다. 그리고 그 순간, 유혹처럼 다가오는 것이 바로 '편법'입니다. '지금 이 순간만 넘기면 돼.'라는 생각에 평소라면 하지 않았을 불합리하거나 비윤리적인 선택을 하게 되는 거죠. 시간 감각이 흐려지면 판단력도 흐려집니다. 그리고 그렇게 무너진 판단은 삶을 단번에 망가뜨리는 결정으로 이어지기도 합니다.

이건 어른들만의 이야기가 아닙니다. 학생들 역시 반복되는 실패나 좌절 속에서 시간의 흐름을 잃고, 지금 이 시험, 지금 이 점수에 전부를 걸게 됩니다. "이번 시험 망쳤다, 끝났다."는 감각이 쌓이면, 자기 효능감은 바닥을 치고, 결국 부정행위나 극단적인 회피 같은 방식으로 반응하게 됩니다. 공부든 일이든, 과정 속 좌절이 반복될수록, 사람은 "나는 안 돼.", "나는 쓸모없어."라는 감정의 굴레에 갇히기 쉽습니다. 그래서 좌절을 받아들이는 능력, 그리고 시간을 길게 보는 감각은 우리를 충동에서 보호하고, 자기 삶의 방향을 지키는 심리적 방어력입니다.

그래서 저는 부모님이나 조직의 리더에게 부탁드리고 싶습니다. 실패한 사람일수록, 시련의 한가운데 있는 사람일수록 '시간'을 구체적으로 회복시켜줘야 합니다. "괜찮아. 한 달 뒤에 다시 보자."라는 식으로 시간의 구조를 나눠주는 대화가 중요합니다. "시간 많으니까 천천히 생각해봐." 이게 아니라 "다음 주까지만 네가 해보는 거야."라고 더 촘촘하고 명확한 시간 감각을 회복시켜줘야 합니다. 시간에 모양을 만들어주는 것이죠. 이렇게 세밀하게 잘린 시간은 사람에게 다시 미래를 상상하게 만듭니다. 미래가 보이면 다시 일어설 수 있습니다.

회복탄력성을 기르는 법은 생각보다 거창하지 않습니다.

막창 2인분에 소주 한 병 반으로 해결될 때도 있습니다. 실제로 제가 자문한 기업의 한 면접관이 회복탄력성이 뛰어난 사람을 뽑은 사례가 있습니다. 면접관은 탈락 경험이 여러 번 있었던 지원자에게 그때 어떤 심정이었는지 물었습니다.

"그럴 땐 막창 2인분에 소주 한 병 반이면 풀립니다. 다음 날엔 다시 컴퓨터 켜고 지원할 힘이 나요."

그 임원은 본능적으로 이 지원자를 채용했습니다. 무너져도 스스로 다시 일어설 수 있는 사람, 그런 사람을 조직은 무의식적으로도 좋아합니다. 왜냐하면 그런 사람은 쉽게 휘둘리지 않거든요.

회복탄력성이 낮은 사람은 특징이 분명합니다. 작은 실패에도 의욕을 잃고, 과거의 실수에 반복적으로 매몰되며, '왜 나는 안 되는 걸까?'라는 생각의 무한루프에 빠집니다. 문제는 이들이 그 늪에 빠졌다는 사실을 스스로 인지하지 못한다는 점입니다. 삶을 조금 더 오래 살아보신 분들은 이런 말을 하십니다.

"왜 저 친구는 그렇게 작은 일에도 휘청이지?"

그건 멘탈이 약한 게 아닙니다. 회복탄력성을 연습해본 적이 없는 겁니다. 인간은 고통을 견디는 법보다 회복하는 법을 더 잘 훈련해야 살아갈 수 있습니다. 회복탄력성이 낮은 사람일수록 자신에게 위로를 줄 수 있는 방법을 갖고 있지 않는 경우가 많습니다. 감정이 침몰하면 그저 눌리기만 하지, 스스로 다시 부력을 만들 줄을 모르는 겁니다.

그래서 작은 기쁨의 루틴이 중요합니다. 우리는 늘 "희망을 가져라." "긍정적으로 생각해라."라고 말하지만, 그렇게 마음만 다짐한다고 되는 일이 아닙니다. 감정은 반복적인 구조에서 생깁니다. 고정된 감정은, 고정된 행동 패턴에서 비롯됩니다. 그러니 '슬플 때 나를 위로할 수 있는 구체적인 행동'을 스스로 확보하고 있어야 합니다. 그래야 회복탄력성이 높은 사람이 됩니다. 좋아하는 유튜브 한 편, 다 마신 커피잔 설거지하기 같은 간단한 루틴이이도 괜찮습니다.

한편 좋은 조직일수록 회복탄력성이 낮은 사람을 억지로 바꾸려고 하지 않습니다. 오히려 그들 곁에 회복탄력성이 높은 사람을 붙입니다. 그리고 그들이 나누는 '작은 대화'를 적극적으로 활용합니다. 우리가 중요하게 봐야 할 대화는 사실 '용건 없는 안부'입니다. "뭐 해?" "밥은 먹었어?" 이런 말은 '당장 뭐 하자는 건 아니지만 그냥 네가 생각났다'는 호감을 전달하는 신호입니다. 이런 대화를 주고받을 수 있는 사람이 있다는 것만으로도 회복력은 다릅니다. 뇌는 '의미 없는 위로'를 가장 깊이 기억합니다. 가족 내에서도 마찬가지입니다. 엄마가 아이에게 건네는 "잘 잤어?" 같은 일상 인사조차 큰 회복력을 줍니다.

회복탄력성이 낮은 사람일수록 '칭찬'에 굉장히 민감하게 반응합니다. 단, 그 칭찬이 과정이 아닌 결과 중심이면 오히려 불안정한 동기를 강화시킬 뿐입니다. "넌 머리가 좋구나." 라는 칭찬은 들을 땐 기분 좋지만, 그다음엔 '들통날까 봐' 두려워지게 만듭니다. "성실하게 버텨왔구나." "그런 상황에서 그런 선택을 한 건 멋지다."라는 과정 중심의 칭찬은 사람을 단단하게 만들어줍니다.

회복탄력성이 낮은 사람에게 정말 필요한 것은 바로 '정체성 기반의 위로'입니다. "넌 원래 잘하잖아."보다 "넌 그런 상황에서도 절대 포기 안 했잖아."라는 말이 좋습니다. 이건 겉으로 보기엔 사소한 말의 차이지만, 그 사람에게는 전혀 다른 감정의 파동을 일으킵니다. 사람은 자신을 정의하는 단어에 스스로를 맞춥니다. 그러니 우리가 누군가를 위로할 때, 어떤 단어로 그 사람을 기억하고 말해주는지가 아주 중요합니다. '결과가 나쁘더라도 너는 가치 있는 사람'이라는 위로를 우리는 너무 자주 잊고 있습니다.

여기서 또 하나 중요한 점은, 회복탄력성은 비인지적 능력이라는 겁니다. 지능이나 정보 처리 능력과는 별개입니다. 즉, 회복력이 뛰어난 사람은 오래 버틸 줄 아는 사람입니다. 그러니 우리는 똑똑한 사람을 선호할 것이 아니라 견디는 법을 아는 사람을 옆에 둬야 합니다. 특히 리더라면 더욱 그렇습니다. 실패는 누구에게나 오고, 좌절은 아무리 똑똑한 사람에게도 옵니다. 그때 회복탄력성이 없는 사람은 조직을 위기로 몰고 가고, 회복탄력성이 있는 사람은 그 위기를 버텨내는 중심이 됩니다. 가정에서든 학교에서든, 심지어 동호회에서도 마찬가지입니다.

마지막으로 말씀드리고 싶은 건, 회복탄력성은 가르칠 수 있는 역량이라는 점입니다. 타고나는 게 아닙니다. 반복된 연습을 통해 익힐 수 있는 기술입니다. '위로의 언어', '용건 없는 안부', '과정 중심의 칭찬', '시간의 구조화' 등이 회복탄력성을 키우는 도구가 될 수 있습니다. 이걸 통해 조직은 실수를 두려워하지 않는 문화를 만들 수 있고, 개인은 다시 일어서는 방법을 기억하게 됩니다.

저 역시 매일같이 실수합니다. 하지만 저를 다시 일으켜 세우는 건, 어제 제가 버티고 있었다는 그 단 하나의 사실입니다. 회복탄력성이 유난히 낮은 사람은 단지 '다시 일어나는 기술'이 부족했을 뿐입니다.

세상이
나만 미워한다고
생각하는 사람

사람은 누구나 억울함을 느낍니다. 그런데 그 억울함이 지나치게 자주, 깊게, 그리고 일관되게 반복된다면 심리학에서는 이런 사람을 '피해의식형 인간Paranoid-Dependent Type'이라고 설명합니다. 이들은 외부 세계를 본능적으로 위협적인 장소로 해석하는 경향이 있습니다. 누군가의 무심한 한마디, 무표정한 얼굴, 사소한 지적마저도 "날 무시한 거야." 혹은 "저 사람은 분명 날 싫어해."라고 받아들입니다.

겉보기엔 조심스럽고 예민한 사람처럼 보이지만, 이들의 내면은 '극단적인 불신'과 '취약한 자기의존'으로 차 있습니다. 혼자 결정 내리는 것이 두려우면서도, 타인에게는 쉽게 마음을 내어주지 못합니다. 타인을 신뢰하지 못하고 자신에 대한 신뢰도 부족하기 때문에 항상 방어적입니다. 이들은 관계 속에서 조화를 이루는 것보다 자신이 상처 입지 않는 것을 더 중요하게 생각합니다. 누군가 친절하게 다가와도 의심부터 하고, 결국 '사람은 믿을 게 못 돼.'라는 회의감 속에 머물게 됩니다.

이러한 인식 틀은 일종의 자기실현적 예언self-fulfilling prophecy 역할을 하기도 하는데요. 피해의식형 인간은 자신의 불신을 통해 관계에서 오해를 만들고, 그로 인해 실제로 거리감을 유발하게 됩니다. 이를 지켜보는 사람은 자연스럽게 말을 줄이고 조심하게 되며, 이는 다시금 이들의 의심을 강화시킵니다.

'봐, 역시 날 싫어하잖아.'

이 반복 구조는 스스로를 점점 더 외롭게 만들 뿐 아니라 사회적 고립과 우울로도 이어질 수 있습니다. 인지심리학에서 보면, 피해의식형 인간은 외부 자극을 처리할 때 부정적 해석을 우선적으로 떠올리는 경향이 있습니다. 이는 전형적인 인지왜곡cognitive distortion이며, 반복되면 해석의 유연성이 사라지고 고정된 세계관만 남습니다. 예를 들어 상사가 "회의 때 조금 더 적극적으로 의견을 내면 좋겠어."라고 말하면, 이들은 '지금까지 나는 제대로 못 해왔다는 말이구나.'라고 해석합니다. 이처럼 왜곡된 해석이 일상이 되면, 작은 피드백도 공격으로 인식하고 방어적으로 행동하게 됩니다.

이러한 사고방식의 근저에는 성장 배경, 특히 초기 애착 경험의 영향이 크게 작용합니다. 심리학자 존 볼비의 애착 이론에 따르면, 유년기 시절 예측 가능하고 일관된 돌봄을 받은 아이는 세상을 안전하고 신뢰할 수 있는 곳으로 인식하게 됩니다. 반면, 양육자의 반응이 일관되지 않거나 감정적으로 차

가웠던 환경에서 자란 아이는, 세상이 언제든 자신을 위협할 수 있다는 불안한 내면 모델internal working model을 형성하게 됩니다. 특히 반복적으로 무시당하거나 정서적으로 방치된 경험이 있는 경우, 아이는 '나는 보호받을 수 없어.' '나는 중요하지 않아.'라는 부정적 자기개념을 갖게 됩니다. 분리-독립 과정이 제대로 이루어지지 않은 경우, 아이는 자기와 타인의 경계를 분명히 인식하지 못하고, 과도하게 의존하거나 반대로 극단적인 회피로 반응하는 불안정한 대인관계 패턴을 형성하게 됩니다. 이러한 경험은 성인이 된 이후에도 위협에 대한 과도한 경계, 감정 조절의 어려움, 자기 정체성의 불분명함으로 이어지며, 결국 삶을 불안정하게 바라보는 인지적 틀을 만들어냅니다. 이처럼 초기 애착과 정서 환경, 그리고 자율성의 형성 실패는 이후 삶의 위기 상황에서 쉽게 무력감이나 회피, 과잉 통제 같은 반응으로 이어질 수 있습니다.

피해의식은 성격장애의 일종으로도 발전할 수 있습니다. 특히 파라노이드 성격장애paranoid personality disorder와 회피성 성격장애avoidant personality disorder의 교차점에 위치한 경우가 많습니다. 이들은 강한 불신과 민감함을 바탕으로 관계를 꺼리며, 동시에 끊임없이 타인의 인정을 갈망합니다. 이처럼 불안정한 내적 동기는 이들을 항상 피로하게 만들며, 사회적 에너지를 소모시킵니다.

1994년 로더릭 크레이머Roderick M. Kramer가 발표한 논문 「악의적 귀인 오류The sinister attribution error」는 피해의식이 높은 사람들이 조직 내에서 타인의 행동을 부정적 의도로 과도하게 해석하는 경향이 있음을 보여주었습니다. 특히 감정적 갈등 상황에서는 상대방의 사소한 말이나 행동조차 의심의 대상으로 전환되며, 이는 공동체 내 불신을 확산시키는 촉매가 됩니다. 피해의식형 인간은 이러한 상황에서 오히려 자신이 '눈치가 빠르다'고 착각하는데, 실제로는 상대방의 의도를 왜곡된 틀 안에서 재구성하는 것에 불과합니다. 또 다른 연구에서는 피해의식형 인간들이 스트레스 상황에서 부정적 자아개념과 관련된 단어(예: 버려지다, 배신, 혼자)를 더 빨리 인식한다는 실험 결과도 있습니다. 이는 이들이 무의식적으로 부정적인 시나리오에 익숙하다는 증거이기도 합니다. 뇌는 자주 사용하는 회로를 강화시키기 때문에, 이러한 인지 패턴은 시간이 지 날수록 더 강하게 고착됩니다.

이를 극복하려면 우리는 무엇을 해야 할까요? 먼저 피해의 식형 성향을 가진 사람들은 자신의 감정과 해석 사이에 거리 를 두는 연습을 해야 합니다. '지금 내가 느끼는 이 감정이 과 연 사실일까?'라고 스스로에게 질문을 던져야 합니다. 이를 통해 감정과 사실을 분리하고, 상황을 더 객관적으로 바라보 는 힘을 기를 수 있습니다. '확인되지 않은 해석'이라는 꼬리 표를 붙이는 습관을 들이는 것도 좋습니다. 누군가 무뚝뚝하 게 인사했을 때, 즉각적으로 '날 싫어하는구나.'라고 결론짓기 보다 '그냥 피곤해서 그랬나 보다.'라는 식의 다양한 가능성을 상상하는 훈련이 필요합니다. 이처럼 해석의 다양성은 감정 의 속도를 늦추고, 인지의 탄력성을 키워줍니다.

피해의식을 느끼는 상황에서의 자기 언어를 재점검하는 것 도 중요합니다. 예를 들어, '왜 나한테만 이런 일이 생기지?' 라는 말 대신, '혹시 내가 지나치게 예민하게 반응한 건 아닐까?'라는 문장을 입에 붙이는 겁니다. 이건 단순히 말투를 바꾸는 것 이상의 효과가 있습니다. 뇌의 작동 방식을 바꾸는 작업입니다.

신뢰할 수 있는 사람과의 대화가 회복의 시작이 될 수 있습니다. 이들은 감정적으로 나를 지지해주면서도, 왜곡된 사고를 부드럽게 반박해줄 수 있어야 합니다. 특히 감정이 고조된 상황에서는 판단이 흐려지기 쉬운데, 이런 사람과의 대화는 마치 내비게이션처럼 나를 현실로 이끌어줍니다. 피해의식형 인간은 관계에서 늘 피로를 느끼기 때문에, 그 자체로 회복이 필요한 존재입니다. 이들에게는 '관계의 회복탄력성'이 중요한데, 관계가 틀어졌을 때 무조건 단절하거나 회피하는 것이 아니라, 복구의 여지를 상상하는 훈련이 필요합니다.

일상에서의 소소한 루틴 역시 큰 도움이 됩니다. 학생이라면 시험 전날 긍정적인 상상을 해보는 것, 주부라면 혼자만의 커피 타임을 갖는 것, 직장인이라면 하루 한 번 긍정적인 피드백을 메모해보는 것이 좋습니다. 이런 일상의 반복은 감정 회복의 부력으로 작용합니다.

　피해의식이 강한 사람은 자존감은 낮은데 인정욕구는 강하기 때문에 성과 중심의 칭찬보다는, 노력과 과정을 인정받을 때 더 깊은 위로와 회복을 경험합니다. "결과가 어땠든, 끝까지 해낸 당신이 대단해요." "쉽지 않았을 텐데 포기하지 않고 견뎌낸 게 인상적이에요." 이런 말은 단순한 격려를 넘어, 그 사람이 어떤 선택을 했고 어떤 태도를 지켰는지를 존중하는 '정체성 기반의 위로'입니다. 성과가 아닌 존재와 방향을 지지해주는 이 언어는, 늘 의심과 자기방어 속에 있던 사람에게는 생존의 말처럼 들릴 수 있습니다. 이러한 위로는 그들이 자기 자신을 부끄러워하지 않고, 자기 삶의 서사 안으로 천천히 복귀할 수 있게 해주는 따뜻한 통로가 되죠.

　'내가 생각하는 것만큼 세상은 나에게 집중하고 있지 않다.'

　이렇게 생각하면 오히려 해방감을 느낄 수 있습니다. 피해의식은 나를 과도하게 '타인의 시선 중심'에 놓기 때문에 발생합니다. '그 사람이 날 미워하는 걸까?'라는 생각이 들 때, '그 사람이 오늘 하루 기분이 안 좋았을 수도 있다'는 식의 관점 전환은 불필요한 오해와 감정 소모를 줄이는 데 큰 도움이 됩니다. 특히 SNS나 온라인 커뮤니티에 과도하게 노출되면, 타인의 반응과 평가에 대한 민감도가 높아져 자기도 모르게 자신을 '보여지는 존재'로 만들게 됩니다. 이럴 때는 디지털 디톡스나 하루 단위의 소셜 미디어 단절 훈련을 시도해보는 것이 좋습니다. 잠시 외부 자극에서 벗어나보면, 내 감정의 실제 온도와 소음을 분리해볼 수 있고, 타인의 시선이 아닌 자신의 중심으로 다시 돌아오는 감각을 회복할 수 있죠. 그 감각은 생각보다 강력하고, 오래 지속됩니다.

괜찮은 척하며
좋은 사람으로만
보이고 싶은 사람

항상 괜찮다고 말하는 사람들이 있습니다. 힘들어도 내색하지 않고, 누군가의 부탁을 쉽게 거절하지 못하며, 갈등보다는 침묵을, 상처보다는 이해를 선택합니다. 이들은 사람들에게 '착한 사람'이나 '좋은 사람'으로 평가받습니다.

이른바 '착한 사람 콤플렉스' 혹은 '좋은 사람 콤플렉스'는 자신보다 타인의 감정을 우선시하고, '실망시키지 않는 나'로 살아가려는 강박적 태도에서 비롯됩니다. 표면적으로는 온화하고 배려심 깊어 보이지만, 사실은 자신의 감정과 욕구를 외면한 채 지속적인 자기 소진과 정체성의 희미함으로 고통받기 쉬운 심리적 상태에 있습니다.

타인의 기대에 맞춰 살다 보니, '진짜 나'는 어디론가 밀려나 있고, 잘 작동하는 '사회적 가면'만 남은, 이 유형의 사람들은 착하고 유순하며 사람들에게 잘 맞춰줍니다. 스스로의 욕구보다 주변 분위기를 먼저 살피고, 의견을 말할 기회가 와도 늘 속으로만 삼킵니다. '내 생각은 좀 다른데…' 하면서도 굳이 말을 꺼내지 않죠. 칭찬을 들어도 어쩐지 실감이 나지 않습니다. 마음 한구석에서 이런 소리가 들리거든요.

'이건 진짜 내가 아니라 그들이 좋아하는 내 모습에 대한 칭찬이야.'

심리학자 도널드 위니콧은 이를 '거짓자아false self'라고 정의

했습니다. 유아가 부모의 기대에 맞춰 자기 욕구를 누르다 보면, 점차 적응만 잘하는 '겉모습 자아'가 생긴다는 것이죠. 이렇게 되면 자아의 뿌리는 얇아지고, '나는 누구인가?'라는 질문 앞에서 자꾸 멈칫하게 됩니다. 말하자면, 기능은 좋은데 정체는 희미한 자아인 셈이죠.

혼자 있는 시간에 느끼는 감각은 때때로 많은 것을 말해줍니다. 조용한 순간, 문득 "나는 누구인가?", "나는 지금 무엇을 원하는가?"라는 질문 앞에서 막막함을 느끼는 사람들이 있습니다. 무언가를 선택해야 할 때도, 자신의 욕구보다 타인의 기대를 먼저 떠올리며 결정을 미루거나 남에게 묻는 습관이 반복됩니다. 어릴 때부터 '착한 아이'로 자라기 위해 감정을 억누르고, 욕구를 숨기고, 주어진 기대에 맞춰 살아온 결과, 자기 안의 기준은 희미해지고, 타인의 시선과 반응이 삶의 방향이 되어버린 것입니다. 문제는 이 '착함'이 사회적으로는 칭찬받지만, 자기 정체성을 흐리고 삶의 주도권을 잃게 만드는 심리적 덫이 될 수 있다는 점입니다.

이 심리 구조는 시간이 흐를수록 무너집니다. 특히 중년 이후, 회사에서도 일선에서 물러나고 자녀들도 다 크면 갑자기 허무함이 밀려오고 스스로에게 묻게 됩니다.

"지금까지 해온 것들이 정말 나였을까? 이제 나는 어떻게 살아야 하지?"

처음으로 자신을 마주하는 순간이기도 합니다. 그런데 그 감정은 종종 우울, 불면, 무기력으로 나타납니다. 때로는 충동적인 결단으로 이어지기도 하죠. 이건 단순한 성격 문제가 아닙니다. 오랜 시간 누적된 억압과 순응의 결과입니다. 유아기 분리-독립 과정이 충분히 이루어지지 못했을 가능성도 있지만, 핵심은 감정 표현과 자기 결정의 기회가 거의 없었다는 데 있습니다. 자기 삶을 살아본 적이 없으니, 막상 혼자 남았을 때 감각이 무너지는 건 어쩌면 당연한 일입니다.

UCLA 심리학 연구팀의 연구에서도 비슷한 결과가 나왔습니다. 자율성이 낮고 외적 기준에 민감한 사람일수록, 자기 정체성의 혼란을 자주 겪고 우울감을 많이 느낀다고 하죠. 이들은 대체로 타인의 요구에 즉각 반응하지만, 정작 자기 욕구에는 서툽니다. 자기 조절력은 뛰어나 보이지만, 실은 억제의 산물일 뿐이죠. 뇌과학 연구도 흥미롭습니다. 자기 인식과 감정 조절을 담당하는 전전두엽의 기능이 낮을수록, 자기 정체성은 더 불안정해진다는 분석이 있습니다. 특히 거부 민감성과 결합되면, 이들은 인정에 집착하게 되고, 그 과정에서 자기 자신을 점점 놓치게 됩니다.

이런 패턴은 전반적인 삶의 질에 영향을 줍니다. 인간관계에선 늘 조심스럽고, 일에선 완벽을 추구하지만 정작 내면은 무기력합니다. 친구가 연락이 뜸해지면 '내가 뭘 잘못했나?' 부터 생각하고, 칭찬을 받아도 '이건 그냥 운이었어.'라고 넘깁니다. 그렇게 자존감은 서서히 마모됩니다.

그럼, 어디서부터 회복을 시작해야 할까요? 거창한 계획도, 거대한 결심도 필요 없습니다. 첫 단계는 아주 사소한 훈련, 바로 '내 기분 알아차리기'입니다. "지금 기분이 어때?"라는 질문을 하루에 한 번만 해도 충분합니다. 감정 언어가 풍부한 사람일수록 스트레스 대처 능력이 높다는 연구 결과도 있으니까요. 그러니까 '살짝 무기력하면서도 귀찮은데 외로운 느낌' 정도로 말할 수 있다면, 이미 회복의 반은 온 셈이죠.

그다음은 아주 작더라도 스스로 선택해보는 것입니다. 늘 남의 눈치를 보며 살아온 사람에게는 처음엔 어색하고 낯설 겁니다. 오늘 점심엔 뭘 먹을지, 아침에 어떤 옷을 입을지, 별것 아닌 것처럼 보이지만, 이런 작은 결정들이 쌓일수록 '내가 내 삶을 움직이고 있다'는 감각, 즉 통제감이 서서히 자라납니다.

여기에 하나 더 필요한 건, 조건 없는 지지자입니다. 판단 없이 들어주는 사람, "그래, 그렇게 느낄 수 있지."라고 말해주는 사람 말이죠. 이런 관계가 자아 회복의 안전지대가 됩니다. 감정을 표현해도 괜찮다는 경험이, 자기 감각을 되찾는 데 큰 역할을 하거든요. 그리고 창의적인 표현도 도움이 됩니다. 글쓰기, 그림, 사진 등 자신을 표현할 수 있는 도구를 통해 억눌린 '진짜 나'를 끄집어보는 것이죠.

회복은 늘 그렇듯 매우 느리고 섬세한 과정입니다. 단 한 번의 통찰로 모든 게 해결되진 않고, 오히려 멈춰 있던 감정이 어느 날 불쑥 올라와 나를 당황하게 만들기도 하죠. 하지만 그렇게 억눌렸던 감정이 비로소 입을 열기 시작했다는 사실 자체가, "이제 나는 내 안의 이야기들을 꺼낼 수 있는 사람이 되었구나."라는 회복의 징후일지 모릅니다. 그 감정들이, 오히려 말할 수 있게 된 나를 증명해주는 신호라면, 조금 거칠고 불편해도 충분히 가치 있는 과정 아닐까요?

늘 괜찮다고 말하며 살아온 사람들에게 진짜 어려운 일은, 자기 자신을 우선순위에 두는 경험입니다. 타인의 기대에 맞춰 살아온 시간이 길수록, '내가 뭘 원하는지'조차 흐릿해지기 마련이죠. 착한 사람 콤플렉스는 갈등을 피하고 관계를 지키기 위한 방어일 수 있지만, 그 안에서 자기 감정과 욕구를 계속 미루다 보면, 결국 스스로를 잃어버리게 됩니다. 이제 필요한 건 완전히 달라진 내가 되는 게 아니라, 조금 덜 참는 연

습, 가끔은 거절해보는 연습, 그리고 나를 이해하는 쪽으로

한 걸음 더 가보는 것입니다.

진짜 어른의 인간관계에 대하여

행복한 인간관계를 맺고, 심리적으로 독립한 어른의 인간관계는 단순히 사람들과 잘 어울리거나 말주변이 좋은 걸 의미하지 않습니다. 그보다 더 중요한 것은 자신에 대한 이해, 타인과의 경계 설정, 그리고 감정 조절 능력을 포함한 깊이 있는 심리적 역량입니다. 진짜 어른의 관계는 겉으로 보이는 친화력보다 안에서 단단한 자기 이해와 균형 잡힌 감정이 더 큰 역할을 하는 것이죠.

어린 시절에 적절한 좌절을 경험하지 못한 사람들도, 어른이 된 후에 충분히 이런 능력을 키워갈 수 있다는 사실은 매우 중요합니다. 어릴 때의 환경이 전부를 결정짓는 것은 아니며, 지금부터라도 연습하고 배우면 관계를 건강하게 만드는 힘은 충분히 자라날 수 있습니다. 적절한 좌절은 우리가 세상에 대해 환상을 걷어내고 현실을 마주하는 초기 훈련입니다. 이것이 결여된 채 성장한 사람들은 인간관계 속에서 거절에 과민하게 반응하거나, 타인의 기대에 과도하게 의존하며, 관계를 통해 자신의 정체성을 증명하려 하는데요. 하지만 다행히도 어른이 된 이후, 자신과 타인을 다르게 바라보는 법을 익히면서 '심리적 독립'에 도달할 수 있습니다.

심리학자들은 이 과정을 '정체성의 재정립identity reconstruction' 이라고 부릅니다. 이는 단순히 자신을 다시 정의하는 것이 아니라, 삶의 여러 관계 속에서 흔들렸던 '나'의 기준을 다시 세우는 작업입니다. 발달심리학자 에릭 에릭슨은 심리사회적 발달이론을 통해, 성인기의 중요한 과업 중 하나는 '정체성 대 혼란'의 단계를 넘어 자기 일관성을 유지하면서도 타인과 친밀한 관계를 형성하는 것이라고 설명합니다. 즉, 내가 누구 인지, 무엇을 중요하게 여기는지를 명확히 할 때, 비로소 타 인에게 휘둘리지 않고도 건강한 관계를 형성할 수 있다는 뜻 입니다.

어린 시절, 애착 관계가 불안정했거나 자율성을 마음껏 펼 쳐볼 기회가 없었던 사람은 성인이 되어서도 관계 안에서 자 주 헤매곤 합니다. 친한 듯 멀고, 편한 듯 불편한 관계 속에서 "내가 왜 또 이런 상황에 있는 거지?"라는 물음이 반복된다면 자아의 중심이 아직 제대로 자리 잡지 못했기 때문일 수 있습 니다. 쉽게 말해, 내가 누구인지 아직 흐릿하니, 타인의 반응 에 따라 감정도 왔다 갔다 하고, 관계의 기준도 자꾸 흔들리 는 거죠.

심리학자 대니얼 시겔Daniel Siegel은 이런 상태를 '내적 조율 inner attunement의 부족'이라고 설명하며, 감정과 욕구를 스스로 알아차리고 조절하지 못하면 외부 자극에 쉽게 휘둘리고, 타인의 인정이나 반응에 과도하게 의존하게 된다고 말했습니다. 하지만 이런 심리적 기반은 후천적으로도 충분히 회복 가능합니다. 자기 감정에 이름 붙이고, 가치에 따라 선택하고, 관계를 그 기준에 맞춰 재구성하는 일련의 경험을 통해 우리는 흔들리지 않는 자기 중심을 회복할 수 있습니다. 이는 단지 관계 기술의 문제가 아니라, 삶 전체의 방향을 다시 세우는 본질적인 심리적 전환이라 할 수 있습니다.

또한 행복한 인간관계를 맺는 성숙한 사람들은, 관계에서 '서로 다름'을 인정합니다. 가까운 사람이라 해도, 상대가 나와 같은 생각, 같은 기대, 같은 반응을 보여야 한다고 생각하지 않습니다. 그들은 갈등을 무조건 피하지도, 무리하게 해결하려 들지도 않습니다. 대신 관계의 속도와 온도를 조절할 줄 아는 지혜를 가지고 있습니다. 관계에서 속도는 인간의 인지와 감정, 관계에 깊이 영향을 미치는 심리적 요소입니다. 빠르게 처리되는 정보는 깊은 사고 없이 소비되기 쉽고, 관계에서도 속도를 지나치게 중시하면 상대의 감정이나 맥락을 놓치기 쉬워집니다. 속도를 늦추는 것만으로도, 우리는 타인의 말을 더 잘 듣고, 감정을 조율하며, 스스로에게도 여유를 허락할 수 있게 됩니다.

진짜 어른의 인간관계는 '인정'과 '경계' 사이의 미세한 줄타기 위에서 유지됩니다. 상대의 감정과 생각을 '그래, 그럴 수도 있지.' 하며 받아들이되, 내 감정과 필요는 '그래도 이건 아니지.' 하고 챙길 줄 아는 태도, 그게 핵심이에요. 미국 심리학자 윌리엄 슈츠William Schutz의 FIRO 이론Fundamental Interpersonal Relations Orientation에 따르면, 성숙한 인간관계란 소속감Inclusion, 통제Control, 애정Affection이라는 세 요소가 적절히 충족될 때 형성된다고 합니다. 이 중 '통제'의 요소는 단순히 권한이나 우위를 뜻하는 것이 아니라 자기와 타인의 심리적 경계를 인식하고 존중하는 심리적 기반을 의미합니다. 경계 없는 수용은 자기 상실로 이어지고, 경계만 강조된 관계는 단절을 낳습니다.

한편 경계가 무너지면 관계는 쉽게 왜곡됩니다. 예를 들어,

가족이나 연인 관계에서 "우린 하나야."라는 말이 정서적으로는 친밀해 보이지만, 종종 경계 침해와 숨 막히는 감정 통제의 언어로 들리기도 합니다.

그러므로 진짜 어른의 인간관계는, 친밀함을 핑계로 침범하지 않고, 거리를 이유로 단절하지 않는 섬세한 조율과 심리적 독립 위에서 비로소 가능해집니다. 결국 관계의 건강함은 "나는 나대로, 너는 너대로, 그러면서도 함께."라는 상태를 지향하는 것이죠.

행복한 인간관계를 위해선 환경과 구조를 바꾸는 것도 중요합니다. 예를 들어, 실수하면 곧바로 비난이 돌아오거나, 감정을 표현하면 유난스럽다고 여겨지는 분위기 속에선 누구라도 마음을 열기 어렵습니다. 심리학자 에이미 에드먼슨Amy Edmondson은 이런 분위기를 '심리적 안전감이 부족한 환경'이라 부르는데요. 사람들이 비난받지 않을 거란 확신이 있어야만 솔직한 이야기와 진짜 관계가 시작될 수 있다고 말합니다.

사람은 자기 자신을 지지할 수 있을 때, 타인에게도 훨씬 더 따뜻해질 수 있습니다. 긍정심리학자인 크리스토퍼 피터슨 Christopher Peterson의 연구에 따르면, 자신을 있는 그대로 받아들이는 사람일수록 남의 실수에도 관대하고, 갈등 앞에서도 쉽게 흔들리지 않는 경향이 있다고 해요. 내가 나에게 "그래도 괜찮아."라고 말해줄 수 있어야 다른 사람에게도 "그럴 수도 있지." 하고 미소 지을 여유가 생기는 거죠. 결국 좋은 관계는 '내가 나를 괜찮다고 느끼는 마음'에서 시작된다고 볼 수 있습니다.

어릴 때 적절한 좌절을 겪지 못해 관계에서 불안정하게 반응하던 사람도, 어른이 되어 자신의 감정을 성찰하고 조절하는 연습을 통해 자기 감정의 주도권을 되찾고 심리적으로 독립된 어른이 될 수 있습니다. 기분이 나쁘다고 타인을 공격하려 하거나, 자신의 감정을 타인의 탓으로 돌리지 않고, 그 감정을 스스로 이해하려 노력해야 합니다. 이런 자각은 결국 자기 존중감과 타인 존중감 사이의 균형을 만들어줍니다. 자기 존중감만 지나치게 크면 자칫 나르시시즘으로 흐를 수 있고,

반대로 타인만 너무 존중하다 보면 자기 자신을 쉽게 희생하게 되죠. 진짜 건강하고 행복한 관계는 이 두 가지가 서로를 해치지 않고 나란히 서 있을 때 비로소 가능합니다.

행복한 인간관계는 한번 완성되면 끝나는 게 아니라 끊임없이 조율해나가는 과정입니다. 가까워졌다가 멀어질 수도 있고, 오해가 생겼다가 다시 이해하게 되기도 하죠. 관계적 공격성을 줄이고, 거부 민감성을 줄이고, 회복 탄력성을 키우고, 자기 희생을 하지 않고, 진짜 어른으로서 관계를 맺는다는 건 거창한 변화가 아니라, 내 마음에 일어난 작은 감정을 놓치지 않고 알아차리는 일에서 시작됩니다. 그 알아차림이 하나둘 쌓이면 우리는 타인과 더불어 살되, 휘둘리지 않는 나 자신으로 살아갈 수 있게 됩니다.

사람은
가능성의
존재

"사람은 고쳐 쓰는 거 아니다."

이 말을 들을 때마다 생각합니다. 단호한 말 뒤에 도사린
인식의 위험성, 그리고 그 말이 누군가에게 얼마나 큰 영향
을 줄 수 있는지를요. 심리학자로서 저는 "사람의 성격은 잘
안 변합니다."라는 말을 종종 합니다. 왜냐하면 성격은 말 그

대로 그 사람의 고유하고 안정적인 심리적 경향성, 즉 기질에 가깝기 때문입니다. 이건 통계적으로도 수많은 데이터를 통해 입증된 사실이에요. 하지만 문제는 이 설명이 일반 대중에게 전달될 때, 마치 인간은 본질적으로 절대 변하지 않는다는 식의 단정적인 인식으로 바뀐다는 데 있습니다. 그리고 그게 "머리 검은 짐승은 거두는 게 아니다."라든가, "사람은 고쳐 써봤자 낭비다." 같은 표현으로 굳어진다면, 이쯤 되면 사람에 대한 불신이 아니라 거의 포기 선언이죠.

그래서 저는 사람의 성격과 인격을 구분해서 설명합니다. 성격은 타고난 기질에 가까워서 쉽게 바뀌지 않을 수 있어요. 하지만 인격은 전혀 다릅니다. 인격은 삶의 경험과 관계, 그리고 그 경험을 돌아보는 성찰을 통해 충분히 변화하고 성장할 수 있는 부분이기 때문이죠. 성격이 나의 기본적인 반응 경향이라면, 인격은 그 성격 위에 쌓아 올린 태도, 감정 조절 능력, 타인을 대하는 방식까지 모두를 포함한 '삶의 태도'의 총합이에요.

에를 들어, 예민하거나 조급한 성격을 가졌더라도, 경험을 통해 상대의 입장을 이해하고, 적절히 반응을 조절할 줄 아는 능력을 키운다면 그 사람의 인격은 분명 더 성숙해질 수 있습니다. 즉, 내가 타고난 기질에 얽매이지 않고, 더 좋은 방향으로 나를 다듬어갈 수 있다는 가능성이 인격이라는 개념에 담겨 있어요. 그리고 그 변화는 갑자기 바뀌는 것이 아니라, 하루하루의 관계 속에서 나를 어떻게 쓰느냐에 따라 조금씩 만들어지는 것입니다. 그러니 "사람은 안 변해."라고 쉽게 말하는 사람을 보면, 그 말이 어쩌면 자기 성격은 굳이 바꾸지 않아도 된다는 일종의 변명처럼 들릴 때도 있습니다. 물론 성격 자체는 쉽게 바뀌지 않을 수 있지만, 사람은 언제든 배우고 자라고, 조금씩 다른 방식으로 살아갈 수 있는 존재니까요.

그런데 누군가를 "쟤는 원래 그래."라고 규정해버리는 순간, 우리는 그 사람을 그냥 그런 사람이라고 마음속에 고정해버립니다. 그렇게 저장된 사람에게는 더 이상 기대도 없고, 기회도 주지 않습니다. 이런 고정관점은 타인에게만 향하는 게 아닙니다. 자기 자신에게도 똑같이 적용돼요. "나는 원래

의지가 약해." "나는 원래 이런 일엔 소질이 없어."라는 식으로, 스스로의 가능성에 선을 그어버리죠. 처음엔 겸손처럼 보일 수 있지만, 사실은 변화에 대한 두려움과 실패에 대한 회피가 숨어 있을 때가 많습니다. 이런 마음가짐은 도전 자체를 줄이고, 성장의 기회를 스스로 차단하게 만듭니다.

이와 관련하여 미국 텍사스 대학교의 캐서린 뮌크스 Katherine Muenks 교수 연구팀이 발표한 연구가 있습니다. 대학생들을 대상으로, "교수님이 나의 능력이 변할 수 있다고 믿을까?"라는 인식이 학생들의 심리에 어떤 영향을 미치는지를 측정했죠. 이 실험에는 지능은 타고난 거라고 믿는 교수와 노력으로 얼마든지 성장할 수 있다고 믿는 교수가 참가합니다. 이 연구에는 44명의 STEM(과학·기술·공학·수학) 분야 교수와 765명의 대학생들이 참여했는데 흥미로운 결과가 나왔습니다.

교수님이 어떤 신념을 가지고 있느냐보다 학생들이 그 교수님을 어떻게 느끼는지가 훨씬 더 큰 영향을 준다는 것이었어요. 예를 들어, 학생들이 "저 교수님은 노력보다는 타고난 능력을 중요하게 생각해."라고 느끼면, 즉, 교수님이 고정관점을 가지고 있다고 느낄수록, 소속감이 떨어지고, 가면 증후군imposter syndrome을 보이거나, 수업에 흥미를 잃는 일이 많았습니다. 수업 참여도도 낮아지고, STEM 분야에 대한 관심도 줄어들었죠.

더 무서운 건, 이게 학교만의 문제가 아니라는 겁니다. 회사, 가정, 심지어 친구 관계에서도 똑같이 벌어집니다. 리더가 '저 친구는 원래 그 정도야.'라고 생각하는 순간, 팀원은 자기 가능성의 스위치를 스스로 꺼버릴 수 있습니다. 저는 강연을 할 때마다 말합니다.

"사람은 가능성의 존재입니다."

물론 이 말은 어쩌면 조금 이상주의적으로 들릴지도 모릅니다. 그런데 실제로는 굉장히 과학적인 말입니다. 인간의 뇌는 신경가소성neuroplasticity이라는 걸 갖고 있습니다. 쉽게 말해, 뇌는 정해진 구조로 고정되어 있는 것이 아니라 경험과 학습에 따라 계속해서 재구성된다는 뜻이에요. 나이가 들었다고 해서 새로운 것을 배울 수 없는 것도 아니고, 성격이 한 번 정해졌다고 해서 절대 바뀌지 않는 것도 아니라는 이야기입니다.

새로운 것을 배우는 것이 예전보다 느리고 귀찮을 수는 있습니다. 무언가를 새로 시작하려고 할 때, 많은 사람들이 가장 먼저 떠올리는 말이 '작심삼일'일 거예요. 변하고 싶었으나 결국 변하지 못했죠. 그런데 이건 우리가 원래 변하지 않는 존재라서가 아니라, 변화를 시도했다가 포기했던 경험이 반복되었기 때문에 생긴 관념입니다. 몇 번이나 다짐했지만 또 실패한 기억이 쌓이다 보면, 결국 변화 자체에 대한 믿음이 약해지거든요. 하지만 그렇다고 해서 변화가 불가능한 건 아닙니다. 오히려 단 하나의 신념만 바뀌어도, 사람은 놀랄 만큼 달라질 수 있습니다. 변화는 의지가 약해서 안 되는 게 아닙니다. 자신이 바뀔 수 있다는 믿음을 다시 세우는 것에서부터 다시 시작하면 됩니다.

우리 뇌가 끊임없이 변화하고 성장할 수 있다는 신경가소성 개념은 단지 뇌과학의 이야기로 끝나지 않습니다. 그것은 우리가 삶을 어떻게 바라보느냐, 실패와 피드백, 감정적인 좌절을 어떻게 다루느냐와도 깊이 연결되어 있어요. 성장관점을 가진 사람은 실패를 단지 능력이 부족하다는 증거로 보지 않고, 배움의 일부로 받아들입니다. 피드백 역시 내가 더 나아지기 위한 정보라고 생각하죠. 반면에 고정관점을 가진 사람은 작은 실패도 자신에 대한 부정으로 해석하고, 피드백조차 방어적으로 받아들입니다. 결국 같은 상황에서도 어떤 관점으로 바라보느냐에 따라 전혀 다른 선택과 반응이 만들어집니다.

"인간은 환경에 영향을 받지만, 동시에 환경을 바꾸는 존재다."

우리가 어떤 말을 하느냐에 따라 누군가의 인생이 조금씩 바뀔 수 있습니다. "넌 안 변해."라는 한 마디로 그 사람의 가능성에 이중잠금이 걸릴 수도 있고, "넌 변할 수 있어."라는 말로 자기 신념이 바뀌는 기폭제가 될 수도 있죠. 우리는 생각보다 다른 사람의 마음에 많이 남습니다. 특히 아이들, 학생들, 후배들. 내 말 한마디가 누군가의 속도를 늦출 수도 있고, 방향을 바꿔줄 수도 있습니다. 그 말이 의도치 않게 누군가의 '가능성 정지 버튼'이 되지 않게 조심해야 합니다.

성격은 타고난 기질에 가깝지만, 인격은 우리가 살아가며 만들어가는 이야기에 더 가깝습니다. 그 이야기에는 갈등도 있고, 좌절도 있고, 때로는 방향을 바꿔 새롭게 써 내려가는 순간들도 있죠. 그렇기에 사람은 언제든 조금씩 바뀔 수 있고, 더 나은 방향으로 나아갈 수 있습니다. 인간은 가능성의 존재이기 때문이에요. 그래서 그 변화의 흐름을 지지해주는 말, 조금씩 달라지고자 하는 마음에 여지를 주는 태도가 훨씬 더 사람을 사람답게 만들어줍니다. 우리는 누구나 매일 조금씩 달라지고 있고, 그 변화는 지금 이 순간에도 조용히 계속되고 있으니까요.

실패와 좌절이
인생에서
중요한 이유

"실패는 성공의 어머니"라는 말, 한 번쯤 들어보셨지요? 그런데 정작 사람들은 자신의 실패를 드러내고, 나누고, 분석하는 일을 하지 않으려고 합니다. 이유가 뭘까요? 수치스럽거나 민망하게 여기기도 하고, 내가 잘못했다는 걸 굳이 떠벌리고 싶지 않거든요. 게다가 내 실패를 보고 다른 사람이 잘해내면

왠지 질투가 나기도 하죠. 그래서 실패는 속으로 삼키고, 혼자만의 경험으로 끝내는 경우가 많습니다.

그런데 심리학자들이 분석한 이유는 조금 다릅니다. 실패를 나누지 않는 가장 큰 이유는, 실패를 공유하는 법을 배우지 못했기 때문이라고 말합니다. 이건 부끄러움이나 자존심 문제만은 아니에요. 실패가 우리에게 줄 수 있는 가치를 잘 알지 못해서 그런 겁니다. 시카고 대학교 부스 경영대학원의 아일렛 피스바Ayelet Fishbach 교수와 로런 에스크레스-윈클러 Lauren Eskreis-Winkler 박사는 흥미로운 실험을 했습니다.

참가자들에게 세 개의 상자 중 두 개를 고르게 했어요. 각각의 상자는 1센트 손실, 20센트 획득, 80센트 획득의 결과를 갖고 있었지만, 참가자들은 미리 알 수 없었죠. 연구진은 실제 상자 내용과 상관없이 참가자들에게 이렇게 결과를 알려 줍니다.

"첫 번째 상자는 1센트를 잃는 것이고, 두 번째 상자는 20

센트를 얻는 것입니다."

그러고 나서 이렇게 물어요.

"지금 대기 중인 다음 참가자를 위해, 당신이 고른 상자 중 하나의 위치를 알려줄 수 있어요. 어떤 걸 알려주겠습니까?"

여기서 가장 현명한 선택은 1센트 손실 상자의 위치를 알려 주는 것입니다. 그래야 다음 참가자가 실패를 피하고, 더 나은 선택을 할 수 있죠. 하지만 놀랍게도 과반수의 사람들이 자신이 성공한 20센트 상자의 위치를 알려줬습니다.

사람들은 자신의 성공을 나누는 데 익숙합니다. 실패는 감추고 싶어 하죠. 심지어 "다음 참가자가 당신의 실패를 알면 더 잘할 수 있어요."라는 인센티브까지 줬는데도, 결과는 비슷했습니다. 흥미로운 건, 이 행동이 고의가 아니라는 점입니다. 똑같은 실험에서 입장을 바꿔 "당신이 다음 참가자라면 어떤 상자의 위치를 알고 싶나요?"라고 물었더니 대부분이 성공 상자의 위치를 원했습니다. 사람들은 실패가 얼마나 유익한 정보인지 인식조차 못하는 경우가 많다는 뜻입니다.

학생이든 직장인이든, 혹은 연구자든 마찬가지입니다. 실패를 공유한 사람은 그렇지 않은 사람보다 더 많은 것을 배우고, 더 큰 개선 효과를 경험합니다. 『스마트 싱킹』의 저자 아트 마크먼Art Markman 교수는 "연말에 가장 큰 실패를 축하해주는 자리를 마련하라."고 말합니다. 실패한 일을 기억하고 축하하는 시간이 왜 필요할까요?

실패를 드러내는 자리를 통해 실패를 경험한 사람은 자신이 무엇을 놓쳤고, 어떤 환경이 영향을 미쳤는지 돌아볼 기회를 갖습니다. 그리고 듣는 사람들은 그 실패의 원인을 자신에게도 적용해보며, 미리 문제를 피해갈 수 있게 되죠. 이는 단순한 실패담 공유를 넘어, 조직 전체의 성장을 이끄는 지혜로운 전략입니다. 이때 중요한 건, 실패를 공유한 사람에게 단순한 위로나 격려로 끝나지 않게 하는 겁니다. 오히려 그 자리에서 긍정적인 인정이나 작지만 의미 있는 보상을 주면, 사람들은 실패를 회피하기보다 열린 마음으로 분석하고 나누게 됩니다.

실패는 단지 개인의 실수로 끝나는 게 아닙니다. 오히려 실패한 사람은 주변 환경에 더 민감하게 반응하고, 그것을 더 잘 기억합니다. 심리학에서는 이런 걸 '귀인attribution'이라고 해요. 성공했을 때 사람들은 대개 자신의 능력 덕분이라고 생각하지만, 실패했을 때는 환경 탓을 많이 하죠. 그래서 실패한 사람에게 왜 실패했는지 자세히 적어달라고 하면, 놀랍게도 그 과정을 방해했던 물리적·심리적·환경적 요인들을 아주 세세하게 기록합니다.

이 기록은 조직에게 매우 귀중한 자료가 됩니다. "우리는 왜 이 문제를 반복했는가?" "앞으로 어떤 환경을 조정해야 같은 실수가 발생하지 않을까?" 같은 질문에 실마리를 주기 때문이죠. 그래서 실패한 사람에게 위로만 할 게 아니라 이렇게 부탁해보세요.

"이번 일에서 어떤 요소들이 실패를 불러왔는지, 꼭 분석해 주세요. 그게 우리 모두에게 큰 도움이 될 거예요."

실패는 우리 모두의 삶에 자연스럽게 찾아오는 손님이에요. 피할 수 없다면, 잘 맞이하고, 잘 보내야 합니다. 실패를 드러내는 것은 용기 있는 사람만이 할 수 있는 행동임을 서로 인정하는 문화가 필요합니다. 실패는 인생의 바닥이 아니라, 다음 계단을 밟기 위한 디딤돌입니다. 실패를 나누면, 더 똑똑해지고, 더 따뜻해질 수 있어요. 그리고 그건 당신이 생각하는 것보다 훨씬 더 큰 힘을 가지고 있습니다.

여기에 한 걸음 더 나아가서, 심리학적 관점에서 실패와 좌절을 바라보면, 그것이 단순한 실수나 무능의 증거가 아니라, 사람이 성장하는 데 꼭 필요한 심리적 경험이라는 걸 알 수 있습니다. 아이가 적절한 좌절을 겪으며 자율성과 자아 경계를 키워가듯, 이처럼 좌절은 처음부터 피해야 할 것이 아니라, 내 한계를 인식하고, 감정을 조절하고, 다시 시도할 수 있는 힘을 기르는 과정 그 자체입니다. 어릴 적엔 부모의 응답

속에서, 어른이 되면 관계와 사회 안에서 우리는 반복해서 실패와 좌절을 마주하게 되는데, 그것이 바로 우리가 성장하는 지점입니다.

이건 아이만의 얘기가 아니에요. 심리 발달 과정을 말하는 게 아니라 어른이 된 우리는 실패와 좌절을 통해 그다음 단계로 성장할 수 있습니다. 계획대로 되지 않고, 인정받지 못하고, 넘어지는 경험, 이런 것들이야말로 지금의 나를 다시 정비하고, 이전보다 더 자립적인 존재로 성장하게 해주는 기회인 거예요.

"지금 당신은 다시 자라고 있는 중입니다."

실패와 좌절은 당신이 나약해서 겪는 일이 아닙니다. 오히려 그것은 당신이 어디까지 와 있는지를 보여주는 성장의 증거예요. 실패의 고통은 나를 나답게 만들어주는 통과의례이기도 하고요.

그러니 실패했을 때, 좌절했을 때, 너무 오래 숨어 있지 마세요. 당신의 그 경험은 누군가에게 용기가 되고, 나에게는 더 단단해질 수 있는 기반이 됩니다. 성장은 완벽한 성공보다 실패를 품는 법을 배울 때 일어납니다.

스스로
미래를 감당하는
힘을 기르려면

미래를 생각하면 어떤 감정이 드시나요? 어떤 분은 두려움부터 떠올릴 테고, 또 어떤 분은 설렘이나 기대를 말할지도 모릅니다. 미래는 이중적입니다. 불확실하니까 불안하고, 동시에 열려 있으니 희망도 품게 되죠. 중요한 건 그 미래가 어떤 모습이든 '내가 감당할 수 있는가'입니다.

우리가 진짜 갖춰야 할 건 완벽한 예측력이 아니라, 어떤 미래가 와도 중심을 잃지 않는 힘입니다. 이 힘이 있어야 도망치지 않고, 내 선택에 책임을 지고 미래를 감당할 수 있죠. 그렇다면 이 힘은 어떻게 생기는 걸까요? 철학이 있는 리더들을 보면 그 힌트를 얻을 수 있습니다. 철학이 있다는 건, 수많은 판단과 경험을 거쳐 자신만의 일관성과 통찰을 갖게 됐다는 거예요. 그게 없으면 결국 바람에 흔들리는 갈대처럼 외부의 자극에 휘둘리게 되죠. 자기 안에 기준이 없으니까요.

나이가 들수록 철학이 없는 사람은 두 종류로 나뉩니다. 하나는 고집만 남는 사람. 다른 하나는 귀가 얇은 사람. 둘 다 결국 자기 중심적인 사고에 갇혀서 벗어나질 못해요. 그래서 철학이 중요합니다. 그렇다면 자기 철학은 어떻게 만들어질까요?

흥미로운 얘기 하나 들려드릴게요. 제가 몸담고 있는 대학은 건물은 조금 낡았지만, 캠퍼스 조경만큼은 어디에 내놓아도 자랑할 만합니다. 특히 잔디밭이 참 단정하고 보기 좋아서

걷다 보면 괜히 기분이 좋아지곤 합니다. 그래서 어느 날, 잔디밭을 늘 정성스럽게 가꾸고 계시는 교직원 선생님께 여쭤본 적이 있습니다.

"선생님, 잔디는 왜 이렇게 자주 깎으시는 거예요?"
"잔디를 매번 자주 깎아줘야 잡초가 덜 자랍니다."

선생님께서는 웃으며 이렇게 말씀하셨습니다. 그 말씀이 처음엔 조금 의아했어요. 깎는 건 잔디인데, 왜 잡초가 사라진다는 걸까? 그 이유를 여쭤보니 설명이 인상 깊었습니다.

"잔디는 땅속의 뿌리로 단단해집니다. 그런데 잡초는 씨앗으로 번식하죠. 자주 깎아주면 잡초가 씨를 뿌릴 만큼 자라지 못하고 사라져요. 물론 키가 작은 잔디는 무사하지요. 그런데 관리를 게을리해서 시기를 놓치면 잡초가 금세 가려서 자리를 잡고, 잔디 위에 그늘을 만들어요. 그렇게 되면 잔디는 빛을 못 받고 약해지거든요. 그렇게 방치하면 이제는 깎는 걸로 해결이 안 되고, 아예 다 걷어내고 다시 심어야 하는 일이 생기죠. 잡초가 크지 못하도록 짧게 짧게, 자주 다듬어주는 게 제일 좋습니다. 그렇게 하면 잡초는 자리 잡을 틈이 없고, 잔디는 점점 힘이 세지고 세력이 강화됩니다."

참 여러 가지를 생각하게 만드는 말씀이었습니다. 왜냐하면 한 사람의 철학도 잔디밭과 아주 비슷한 과정을 거치며 자라기 때문이에요. 철학이란 어느 날 갑자기 딱 만들어지는 게 아니라, 마치 잔디가 햇볕과 비를 맞으며 서서히 뿌리를 내리는 것처럼, 우리 삶 속에서 천천히, 그리고 조금씩 자리 잡아가는 것이니까요. 자신의 철학이란 결국 세상과 인간에 대한 깊은 성찰이 담긴 태도입니다. 그런데 그 철학이 제대로 뿌리 내리기 위해서는, 그때그때 생겨나는 얕은 생각과 감정, 습관적인 반응들을 잘 살펴보고, 꼭 필요할 때는 과감히 덜어내야 하죠. 마치 잡초를 제때 제거해줘야 잔디가 건강하게 자라는 것처럼요. 그래서 중요한 건 한 번에 큰 결심을 하는 게 아니라 '매번, 기꺼이, 그때마다' 들여다보고 다듬는 태도입니다.

마이클 샌델 교수는 『정의란 무엇인가』에서 이런 얘기를 합니다.

"정의란, 지금 이 순간 무엇이 정의인가를 매번 기꺼이 고민하는 것이다."

철학도 마찬가지입니다. 뭔가 한 번 깨달아서 딱 굳히는 게 아니라, 매 순간 다시 질문하는 태도, 이게 핵심이에요. 우리가 철학이라고 부르는 것은 어떤 책에서 한 줄 외운 문장도, 누군가가 말해준 지혜 한 토막도 아닙니다. 내 삶 안에서, 관계 속에서, 수많은 선택과 실패, 반성의 시간을 지나며 조금씩 만들어집니다. 그렇게 쌓인 고민과 질문들이 하나둘 직관이 되고, 그 직관이 쌓이면 비로소 나만의 철학이 됩니다. 과학자들이 수없이 많은 시행착오 끝에 이론을 세우는 것처럼 우리도 그렇게 삶 속에서 조금씩 생각을 정리해가는 거죠.

반대로 이 과정을 생략하고, 어디서 들은 말 몇 개만 붙들고 그것을 철학인 양 고집하다 보면, 점점 대화가 닿지 않는 사람이 되기 쉽습니다. 듣지 않고, 변화하지 않고, 자기 말만 반복하는 사람이 되는 것이죠. 결국 인생도 잔디밭처럼, 자주 들여다보고 다듬을수록 더 푸르게 자라납니다. 철학도 마찬가지입니다. 매번, 기꺼이, 그때마다. 그 작은 자세가 우리를 깊게 만들어줍니다.

이렇게 자신만의 생각과 태도를 다듬는 일이 왜 중요할까요? 바로 앞으로 다가올 시간들, 미래를 준비하는 힘이 되기 때문입니다. 그런데 우리는 미래를 준비하는 것을 어렵게 느끼고 잘 준비하지 못합니다. '미래'보다 '지금'이 더 크게 느껴지기 때문이죠. 심리학에서는 이런 현상을 '지연 디스카운팅 delayed discounting'이라고 부릅니다. 미래에 받을 수 있는 보상이 아무리 크더라도 지금 당장의 보상이 눈앞에 보이면 그쪽으로 쉽게 넘어가게 된다는 겁니다. "지금 2만 원 받을래요? 한 달 뒤에 5만 원 받을래요?" 하고 물으면 많은 사람들이 지금 2만 원을 택해요. 한 달 뒤가 잘 안 그려지거든요.

그러면 어떻게 해야 할까요? 미래를 구체적으로 상상하게 해보아야 합니다. 진짜로 미래의 나를 머릿속에 생생하게 그릴 수 있이야 해요.

UCLA의 할 허시필드Hal Ersner-Hershfield 교수는 미래의 자신을 실감 나게 인식하면 현재의 선택에 긍정적인 영향을 미칠수 있다는 인상적인 연구를 진행했습니다. 그는 참가자들에게 미래의 자신의 모습을 시각화하도록 요청하고, 이를 통해현재의 유혹을 얼마나 잘 이겨내는지를 관찰했습니다. 그 결과, 미래의 자신을 구체적으로 상상한 참가자들은 단기적인만족보다는 장기적인 목표를 더 중시하는 경향을 보였습니다. 사람들에게 미래의 자신이 어떤 모습일지 상상하게 했더니 지연 디스카운팅이 줄어든 겁니다. 미래가 실감이 나니까현재의 유혹을 이겨낼 수 있었던 거죠.

여기서 꼭 기억하셔야 할 게 하나 더 있습니다. 진짜 자기인생을 설계할 수 있는 사람은 누구일까? 바로 적절한 좌절을통과한 사람, 그리고 그 좌절을 통해 부모나 환경으로부터 심리적 분리-독립을 이뤄낸 사람입니다. 실패 없이 자란 사람은판단이 서지 않고, 독립이 안 된 사람은 결정에 책임을 지지 않습니다. 인생의 중요한 선택 앞에서 자꾸 남을 탓하거나, 미래를 주체적으로 설계하지 못하죠. 이 분리-독립은 정서적으로 책임지는 자아의 탄생을 의미합니다. 좌절은 고통스럽지만, 오히려 그것이 없으면 '내가 누구인지', '어떤 길을 원하는지' 알 수 없습니다. 스스로 인생을 끌고 갈 힘은 그렇게 탄생합니다.

우리가 스스로 미래를 감당할 수 있으려면, 철학, 깊은 사고, 정체성, 그리고 적절한 좌절이 꼭 필요합니다. 이러한 것들이 잘 자라서 결국 '내일의 나'를 만듭니다. 그러니 오늘부터라도 스스로에게 이렇게 물어보세요.

"나는 어떤 사람이고, 무엇을 지키고 싶으며, 어떤 미래를 만들고 싶은가?"

그 질문에 진심으로 답할 수 있을 때, 우리는 비로소 미래를 감당할 수 있는 사람, 즉, 심리적으로 독립한 사람이 될 수 있습니다.

적절한 좌절

초판 1쇄 인쇄 2025년 4월 30일
초판 1쇄 발행 2025년 5월 10일

지 은 이 김경일 류한욱
발 행 인 정수동
발 행 처 저녁달

편집주간 이남경
편   집 김유진

출판등록 2017년 1월 17일 제406-2017-000009호
주   소 경기도 파주시 문발로 142 니은빌딩 304호
전   화 02-599-0625
팩   스 02-6442-4625
이 메 일 book@mongsangso.com
인스타그램 @eveningmoon_book
유 튜 브 몽상소

ISBN   979-11-89217-51-8   03180